간단한 독일어 발음법!
Das Alphabet   09

초간편 기본회화!
Best Basic Conversation!

① 대답하는 법!   14
② 인사할 때!   16
③ 자기소개!   18
④ 부탁할 때!   20
⑤ 감사의 인사!   22
⑥ 날씨, 시간, 요일!   24

잠깐!! 독일 여행정보!
독일에 대한 일반적인 상식! 26

1. 출발전 준비!   27

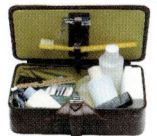

① 항공권의 예약!   30
② 예약확인/취소/변경   32
✚ 항공권 관련 단어   34

2. 출국수속! 35

- ❶ 보딩패스! 1.   38
- ❷ 보딩패스! 2.   40
- ✚ 탑승 관련 단어   42

3. 출발! 기내에서 43

- ❶ 기내 입구에서!   46
- ❷ 기내 좌석에서!   48
- ❸ 기내식의 주문!   50
- ❹ 기내에서의 쇼핑!   52
- ❺ 신고서의 작성!   54
- ❻ 경유와 환승시!   56
- ✚ 기내 관련 단어들!   58
- ✚ 독일 입국 상식!   60

4. 목적지 도착! 61

- ❶ 입국심사대에서 1.   64
- ❷ 입국심사대에서 2.   66
- ❸ 수하물 찾기!   68
- ❹ 세관심사!   70
- ❺ 공항 여행안내소   72
- ✚ 입국 관련 단어들!   74

Departure

5   C.I.Q!
출국장으로 들어가면 ❶ 세관검사, ❷ 보안검색, ❸ 출국심사가 차례로 이어집니다! 계속 앞으로 앞으로!

Step 5

6   탑승게이트로 이동!
탑승권에 표시된 탑승구로 이동합니다. '탑승시간'을 반드시 엄수하여야 합니다!!!

Step 6

 출국수속 따라잡기!

공항에서의 출국수속은 다음과 같이 진행됩니다.

❶ 공항도착!

❷ 항공사데스크 체크인!

❸ 관광진흥기금권 구입!

❹ 환전!

❺ 비행기 탑승수속!
|세관신고|, |보안검색|, |출국심사|

❻ 탑승 게이트로 이동!

❼ 탑승!

✚ **잠깐만요!**
시간적 여유가 있다면 면세점에서 쇼핑을 하셔도 좋겠습니다.

✚ 비행기 출발 30분 전에는 탑승게이트 대기실에 도착해 있어야 합니다!

© Copyright 2003 by Shin Na Ra.

All rights reserved.
No part of this book may be reproduced,
without the written permission of
the copyright owner.

주머니속의 여행 독일어

서 명 : 주머니속의 여행 독일어
펴낸곳 : 도서출판 신나라
펴낸이 : 임종천
지은이 : 이호경
편집연구 : 권지현, 박현주, 이선우
　　　　　윤인균(푸른세계여행)
개정 2쇄 : 2015. 08. 10

등록일 : 1991. 10. 14
등록번호 : 제 6-136호
주 소 : 경기도 양평군 양동면 매월리 643-1
전 화 : (031)775-2678
팩 스 : (031)775-2679
ISBN : 978-89-7593-080-5

* 정가는 표지에 표시!

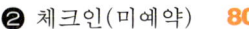

5. 호텔의 이용! 75

- ❶ 체크인(예약시) 78
- ❷ 체크인(미예약) 80
- ❸ 객실의 이용! 82
- ❹ 룸서비스의 이용! 84
- ❺ 프론트의 이용! 86
- ❻ 호텔식당의 이용! 88
- ❼ 체크아웃! 90
- ❽ 유스호스텔의 이용! 92
- ✚ 호텔 관련 단어들! 94
- ✚ 잠깐! 숙소 정보! 96

6. 식당과 요리! 97

- ❶ 식당을 찾을 때! 100
- ❷ 식당의 예약! 102
- ❸ 식당 미예약시! 104
- ❹ 식사의 주문! 106
- ❺ 식사시의 표현! 108
- ❻ 패스트푸드점 110
- ❼ 식사비의 계산! 112
- ❽ 주점의 이용! 114
- ✚ 식사 관련 단어들! 116
- ✚ 잠깐! 맥주 왕국, 독일! 118

7. 쇼핑용 회화! 119

❶ 쇼핑하는 법! 122
❷ 물건값을 낼 때! 124
❸ 백화점 쇼핑! 126
❹ 면세점 쇼핑! 128
❺ 기념품점 쇼핑! 130
❻ 슈퍼마켓 쇼핑! 132
✚ 쇼핑 관련 단어들! 134

8. 우편, 전화, 은행! 135

❶ 우편물 보내기! 138
❷ 소포 보내기! 140
❸ 공중전화 걸기! 142
❹ 전화대화 표현! 144
❺ 국제전화 걸기! 146
❻ 호텔에서의 전화! 148
✚ 우편/전화 관련 단어! 150
❼ 은행의 이용! 152
❽ 잔돈 바꾸기! 154
✚ 은행 관련 단어들! 156

9. 교통수단! 157

- ❶ 철도의 이용! 1. **160**
- ❷ 철도의 이용! 2. **162**
- ❸ 버스의 이용! 1. **164**
- ❹ 버스의 이용! 2. **166**
- ❺ 선박의 이용! **168**
- ❻ 지하철의 이용! **170**
- ❼ 택시의 이용! **172**
- ❽ 렌터카의 이용! **174**
- ✚ 교통수단 관련 단어! **176**
- ✚ 잠깐, 독일의 교통 규칙 정보! **180**

10. 관광하기! 181

- ❶ 관광의 시작! **184**
- ❷ 길 물어보기! 1. **186**
- ❸ 길 물어보기! 2. **188**
- ❹ 기념사진 찍기! **190**
- ✚ 관광 관련 단어! **192**
- ❺ 공연의 관람! 1. **196**
- ❻ 공연의 관람! 2. **198**
- ❼ 나이트 클럽! **200**
- ❽ 스포츠 즐기기! **202**
- ✚ 오락 관련 단어! **204**
- ✚ 베를린 관광 정보! **206**

contents 06

11. 사고상황의 대처! 207

① 분실사고시! 1. **210**   ② 분실사고시! 2. **212**
③ 사고의 신고! **214**   ④ 긴급! 간단표현! **216**
⑤ 병원 치료!   **218**   ⑥ 약국의 처방!   **220**
✚ 사고상황 관련 단어! **222**
✚ 긴급상황시 연락처! **226**

12. 귀국 준비! 227

① 예약확인!   **230**
② 귀국시 공항에서!   **232**

[특별 부록]
비지니스 독일어회화! 234

① 방문객을 맞을 때! **236**   ② 인사할 때!   **238**
③ 회사를 소개할 때! **240**   ④ 전화 통화시에! **242**
⑤ 상담할 때!   **244**   ⑥ 계약, 주문할 때! **246**

부록: 필수 단어사전! 248

간단한
독일어 발음법!
Das Alphabet

독일어를 처음 접하시는 독자 여러분을 위해
'세상에서 가장 간단한 독일어 발음법'을
알려드립니다.

쉽게, 편하게, 그리고 간단하게 익혀서 바로 쓰실 수
있습니다! (한국어 발음표기는 편의상 가장 가까운
음으로 표시하겠습니다.)

간단한 독일어 발음법!
Das Alphabet

독일어 발음의 특징!

독일어 발음의 기본적인 특징은 다음과 같습니다.

❶ 독일어는 영어와는 달리 있는 그대로 읽습니다.
❷ 'b'[브], 'd'[드], 'g'[그]는 단어의 끝에 올 경우 무성음의 된소리로 발음이 됩니다. 즉 'b'는 'p'[프], 'd'는 't'[트], 'g'는 'k'[크]로 발음됩니다.
❸ 독일어에서 'sch'는 [슈]로 발음합니다.
❹ 독일어에서 엑센트는 대부분 첫번째 모음에 있습니다.
❺ 독일어는 하노버의 언어를 표준어로 합니다.
❻ 독일어는 독일뿐만 아니라 오스트리아, 스위스에서도 통용되고 있는 언어입니다. 이외에도 헝가리, 폴란드, 슬로바키아, 네덜란드, 리히텐슈타인, 티롤 지방에서도 일부 통용이 되고 있습니다.

괄호안처럼 발음됩니다!

발음공부

A	a	아	[ㅏ]
B	b	베	[ㅂ, ㅍ]
C	c	체	[ㅊ, ㅋ]
D	d	데	[ㄷ, ㅌ]
E	e	에	[ㅔ]
F	f	에프	[ㅍ]
G	g	게	[ㄱ, ㅈ, ㅋ]
H	h	하	[ㅎ]
I	i	이	[ㅣ]
J	j	요트	[-]
K	k	카	[ㅋ]
L	l	엘	[ㄹ]
M	m	엠	[ㅁ]
N	n	앤	[ㄴ]
O	o	오	[ㅗ]
P	p	페	[ㅍ]
Q	q	쿠	[ㅋ]

"여행회화, 기본의 기본입니다! 미리 준비해 두시면 유용하게 자주 쓸 수 있는 표현들입니다!!!"

괄호안처럼 발음됩니다!

R	r	에르	[ㄹ]
S	s	에스	[ㅅ, ㅈ]
T	t	테	[ㅌ]
U	u	우	[ㅜ]
V	v	파우	[ㅃ, ㅍ]
W	w	베	[ㅂ]
X	x	익스	[ㅋ]
Y	y	윕실론	[ㅣ]
Z	z	체트	[ㅉ, ㅊ]

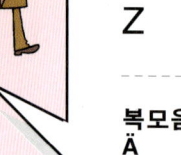

복모음

Ä	ä	아 우물라우트	[ㅔ]
Ö	ö	오 우물라우트	[ㅚ]
Ü	ü	우 우물라우트	[ㅟ]

복자음

ß	에스체트	[ㅆ]
ch	체하	[ㅋ, ㅊ]
sch	에스체하	[ㅅ]
ck	체카	[ㅋ]
tz	테체트	[ㅊ]

초간편 기본회화!
Best Basic Conversation!

여행 독일어 회화!
기본의 기본을 소개합니다.
6가지 기본 상황별로 정리했습니다!

❶ 대답하는 법!   ❷ 인사할 때!

❸ 자기소개!   ❹ 부탁할 때!

❺ 감사의 인사!   ❻ 날씨, 시간, 요일!

"여행회화, 기본의 기본입니다! 미리 준비해 두시면 유용하게 자주 쓸 수 있는 표현들입니다!!!"

초간편 기본회화!
Best Basic Conversation!

여행 독일어 회화!
기본의 기본을 소개합니다.
6가지 기본 상황별로 정리했습니다!

대답할 때 자주
쓰는 표현들을
공부합니다!

예. (네.)
Ja.
야

아니오.
Nein.
나인

알겠습니다. / 그래요.
Ich weiss.
이히 봐이쓰

알겠습니다. (알았습니다)
Ich verstehe.
이히 페어스테헤

초간편 기본회화!

① 기본회화

❶ 대답하는 법!

맞습니까?
Ist das richtig?
이스트 다스 리히티히

맞아요. / 그렇습니다.
Das ist richtig.
다스 이스트 리히티히

저도 그렇게 생각합니다.
Ich meine auch so.
이히 마이네 아우흐 소

좋은 생각입니다.
Das ist eine gute Idee.
다스 이스트 아이네 구테 이데

가장 많이 쓰는 대답 표현들입니다.

"여행회화, 기본의 기본입니다! 미리 준비해 두시면 유용하게 자주 쓸 수 있는 표현들입니다!!!"

초간편 기본회화!
Best Basic Conversation!

여행 독일어 회화!
기본의 기본을 소개합니다.
6가지 기본 상황별로 정리했습니다!

다양한 인사법들을 연습해 보겠습니다!

안녕하십니까? (아침)
Guten Morgen.
구텐 모르겐

안녕하십니까? (낮)
Guten Tag.
구텐 탁

안녕하십니까? (저녁)
Guten Abend.
구텐 아벤트

안녕히 주무세요.
Gute Nacht.
구테 나하트

초간편 기본회화!

❷ 인사할 때!

안녕히 계세요. (가세요)
Auf Wiedersehen!
아우프 비이더제-엔

또 만납시다!
Auf Wiedersehen!
아우프 비이더제-엔

즐거운 주말되세요!
Schönes Wochenende!
쉐네스 보켄엔데

즐거운 하루 되세요!
Schönen Tag!
쉐넨 탁

인사할 때는 언제나 웃는 얼굴로 하셔야 해요~!

"여행회화, 기본의 기본입니다! 미리 준비해 두시면 유용하게 자주 쓸 수 있는 표현들입니다!!!"

초간편 기본회화!
Best Basic Conversation!

여행 독일어 회화!
기본의 기본을 소개합니다.
6가지 기본 상황별로 정리했습니다!

자기를 소개할 때 쓸 수 있는 기본 표현들입니다!

안녕하세요.
Grüß Gott!
그뤼스 고트

처음 뵙겠습니다.
Ich freue mich, Sie kennenzulernen.
이히 프로이에 미히
지이 켄넨쮸우레르넨

어떻게 지내십니까?
Wie geht es Ihnen?
비 게엣 에스 이넨

초간편 기본회화!   ③ 기본회화

❸ 자기소개!

저도 잘 지내고 있어요.
Danke, es geht mir gut.
당케 에스 케엣 미어 굿

내 이름은 이원입니다.
Ich heiße Won LEE.
이히 하이쎄 원 이

당신의 이름은?
Wie heißen Sie?
뷔이 하이센 지

나는 한국에서 왔습니다.
Ich komme aus Korea.
이히 콤메 아우스 코리아

이 정도로만 설명해도 당신은 이미 성공입니다!

"여행회화, 기본의 기본입니다! 미리 준비해 두시면 유용하게 자주 쓸 수 있는 표현들입니다!!!"

초간편 기본회화!
Best Basic Conversation!

여행 독일어 회화!
기본의 기본을 소개합니다.
6가지 기본 상황별로 정리했습니다!

부탁하실 일이 있으면 주저하지 말고 말씀하세요!

무엇을 도와드릴까요?
Was darf es sein?
봐스 다르프 에스 자인

좀 도와주세요.
Können Sie mir helfen?
켄넨 지 미어 헬펜

실례합니다만,
말씀 좀 여쭙겠습니다.
**Entschüldigung,
darf ich Sie fragen?**
엔트 슐디궁
다르프 이히 지 프라겐

초간편 기본회화!

❹ 부탁할 때!

저를 좀 도와 주십시오.
Helfen Sie mir bitte!
헬펜 지 미어 비테

물론이지요.
Aber natürlich.
아버 나튜어릴히

좀더 천천히 말씀해 주십시오.
Sprechen Sie bitte noch langsamer.
슈프레헨 지 빗테 노흐 랑잠어

도움이 필요하십니까? 이렇게 말씀하십시오~!

"여행회화, 기본의 기본입니다! 미리 준비해 두시면 유용하게 자주 쓸 수 있는 표현들입니다!!!"

초간편 기본회화!
Best Basic Conversation!

여행 독일어 회화!
기본의 기본을 소개합니다.
6가지 기본 상황별로 정리했습니다!

도움을 받았다면
반드시 감사의
인사를 전합니다.

감사합니다.
Danke schön!
당케 쉔

전화해 주셔서 감사합니다.
Vielen Dank für den Anruf.
피일렌 당크 퓨어 덴 안루프

보살펴주셔서 감사합니다.
Vielen Dank für die Fürsorge.
피일렌 당크 퓨어 디 퓨어소르게

⑤ 감사의 인사!

아주 많은 도움 감사합니다.
Vielen Dank für die Hilfe.
피일렌 당크 퓨어 디 힐페

천만에요.
Bitte schön.
빗테 쇤

별 말씀을요.
Keine Ursache.
카이네 우어자케

괜찮아요.
Das macht nichts.
다스 막 니히쓰

감사의 인사, 정중하면 할수록 더욱 좋습니다~!

"여행회화, 기본의 기본입니다! 미리 준비해 두시면 유용하게 자주 쓸 수 있는 표현들입니다!!!"

초간편 기본회화!
Best Basic Conversation!

여행 독일어 회화!
기본의 기본을 소개합니다.
6가지 기본 상황별로 정리했습니다!

날씨와 시간에 대해 이야기 하는 방법들입니다!

오늘 날씨가 어떻습니까?
Wie ist das Wetter heute?
비 이스트 다스 베터 호이테

좋은 날씨군요. 그렇죠?
Schönes Wetter, nicht wahr?
쉐-네스 베터 니히트 바아

날씨가 덥군요. (춥군요)
Es ist warm (kalt), nicht wahr?
에스 이스트 바름(칼트) 니히트 바아

초 간편 기본회화!

6 기본회화

❻ 날씨|시간|요일

비가 올 것 같습니다.
Es wird regnen.
에스 비르트 레그넨

지금 몇 시입니까?
Wie spät ist es?
비 스펫 이스트 에스

오늘은 무슨 요일입니까?
Welchen Wochentag haben wir heute?
벨헨 복헨탁 하벤 비어 호이테

오늘 며칠입니까?
Der wievielte ist heute?
데어 비필테 이스트 호이테

요일과 날짜를 물을 때 쓰는 방법도 기억해 둡니다.

"여행회화, 기본의 기본입니다! 미리 준비해 두시면 유용하게 자주 쓸 수 있는 표현들입니다!!!"

잠깐!!
독일 여행정보!

✚ **독일에 대한 일반적인 상식!**

ⓐ **독일의 정식 명칭 :** 독일연방공화국
  (Federal Republic of Germany)

ⓑ **독일의 인구 :** 약 8100만 명

ⓒ **독일의 종교 :** 카톨릭교, 개신교

ⓓ **독일의 언어 :** 독일어

ⓔ **독일의 화폐 : EURO** (유로)

ⓕ **기타 독일 정보:**

시차 : 8시간(서머타임 때에는 한국보다 7시간 늦음)

전압 : 220V
   (우리나라 전자제품을 그대로 사용 가능 함)

1. 출발전 준비!

해외여행에 앞서 반드시 준비되어야 할 것들이 있습니다. 우선 기본적으로 갖추어야 할 것으로 ❶ 여권, ❷ 비자, ❸ 각종 증명서 발급, ❹ 항공권, ❺ 환전 및 여행자 보험 가입, ❻ 여행정보수집 등을 들 수 있습니다.

❶ 여권의 준비!

● **여권의 종류** : 여권은 '대한민국 국민임을 증명하는 증명서' 입니다. 외국에서의 안전을 보장해 주는 신분증이기에 가장 중요한 준비물입니다. 여권의 종류는 관용여권과 일반여권으로 나뉘며, 여행자들이 받게되는 일반여권은 유효기간에 따라 복수여권(5년), 단수여권(1년)으로 나뉩니다. 복수여권은 5년간 사용횟수에 제한이 없기 때문에 일반적으로 많이 신청합니다.

빠르게 찾고 쉽게 말하는 여행회화! 여러분의 여행을 보다 즐겁고 편안하게 만들어 드립니다!!

비자 | 각종 증명서!

● **여권의 신청** : 여권은 시, 구청 여권과에서 발급하며, 보통 2~3일 소요됩니다. (지방 시, 군청은 7~10일 소요) 여권 신청서류는 ⓐ 여권발급 신청서, ⓑ 주민등록등본 1통, ⓒ 주민등록증이나 운전면허증, ⓓ 여권용 사진 2매, ⓔ 병역서류(국외여행허가서), ⓕ 발급비(복수여권:45,000원, 단수여권:15,000원) 등 입니다.

❷ 비자의 준비!

비자(VISA)는 '입국사증', 즉 '입국을 허락하는 증명서' 로서 독일대사관에서 받을 수 있읍니다. (서울시 용산구 동빙고동 308-5 ☎ 02-748-4114)

비자 신청 서류는 ⓐ **여권 (유효기간 6개월 이상의 것),** ⓑ **비자신청서,** ⓒ **여권사진 1장,** ⓓ **주민등록증 사본,** ⓔ **수수료** 등 입니다.

그러나 독일을 비롯한 유럽의 대부분의 나라들은 우리나라와 비자 면제 협정을 체결하고 있으므로 90일 이내의 관광에 한해서는 여권만 있으면 입국이 가능합니다.

❸ 각종 증명서!

ⓐ **국제학생증** : 국제학생여행연맹이 발급하는 전세계 어디에서나 통용되는 학생증입니다. 신청서류는 학생증 사본, 반명함판 사진 1매, 신청서, 수수료이며, 발급장소는 국제학생여행사(☎ 02-733-9494)이고, 발급후 1년간 유효합니다. http://www.isic.co.kr

1. 출발전 준비!

ⓑ **유스호스텔회원증** : 여행자를 위한 숙소인 세계 각국의 유스호스텔을 사용할 수 있는 회원증입니다. 신청서류는 회원신청서 1부이며, 발급장소는 한국유스호스텔연맹(02-725-3031)이나 각 지방 유스호스텔 연맹에서 신청 가능합니다.
http://www.kyha.or.kr

ⓒ **국제운전면허증** : 여행지에서 직접 운전을 하실 분이라면 반드시 챙겨가야 하는 것이 운전 면허증입니다. 신청은 관할 운전면허시험장에서 하며, 신청서류는 여권, 운전면허증, 주민등록증, 사진1매, 수수료(5,000원)입니다.

✚ 그밖의 여행준비물!

그밖에 필요한 여행준비물들로는 먼저 ⓐ 옷가지(해당지역의 기후에 맞게 2~3벌), 우비 또는 우산, 양말, 속옷(3~4벌)이 필수적이며, 비지니스맨이라면 색상이 다른 와이셔츠와 넥타이 세벌씩은 기본입니다. ⓑ 위생용구(수건, 세면도구, 화장품, 비상약품 - 감기약, 소화제, 정로환, 반창고, 붕대, 파스, 생리용품)가 필요할 것이며, 그리고 ⓒ 작은 배낭, 전대, 맥가이버 칼, 간단한 인스턴트 식품류 2~3일분, 소형 계산기, 카메라, 필름 등을 준비하면 됩니다.

빠르게 찾고 쉽게 말하는 여행회화! 여러분의 여행을 보다 즐겁고 편안하게 만들어 드립니다!!

① 항공권의 예약!

❶ 루프트한자입니다. 무엇을 도와 드릴까요?

❷ 베를린행 비행편을 예약하고 싶습니다.

❸ 프랑크푸르트행 항공편을 예약하고 싶습니다.

❹ 언제 떠나실 예정이죠?

❺ 이번 금요일이요.

❻ 오후에 출발하는 비행기가 있나요?

❼ 본까지 왕복 티켓료는 얼마입니까?

❽ 이코노미 클래스(2등석)로 주십시오.

❾ 그것으로 하겠습니다.

1. 출발전 준비!

❶ Lufthansa. Was kann ich für Sie tun?
루프트한자 바스 칸 이히 퓨어 지 툰

❷ Ich möchte einen Flug nach Berlin reservieren.
이히 뫼히테 아이넨 풀룩 나하 베를린 레저비어렌

❸ Ich möchte einen Flug nach Frankfurt bestellen.
이히 뫼히테 아이넨 플룩 나흐 프랑크푸르트 베슈텔렌

❹ Wann wollen Sie abfliegen?
반 볼렌 지 앞플리겐

❺ Diesen Freitag.
디이젠 프라이탁

❻ Gibt es auch einen Flug am Nachmittag?
깊 에스 아우흐 아이넨 플룩 암 나하미탁

❼ Was kostet es nach Bonn?
바스 코스텟 에스 나하 본

❽ Geben Sie mir eine zweite Klasse.
게벤 지 미어 아이네 쯔바이테 클라쎄

❾ Ich nehme das.
이히 네메 다스

빠르게 찾고 쉽게 말하는 여행회화! 여러분의 여행을 보다 즐겁고 편안하게 만들어 드립니다!!

2 예약확인│취소│변경

❶ 루프트한자입니다. 무엇을 도와 드릴까요?

❷ 항공권 예약 재확인을 하고 싶습니다.

❸ 이 예약을 취소해주십시오.

❹ 예약을 변경하고 싶습니다.

❺ 성함과 비행기 번호를 말씀해 주십시오.

❻ 제 이름은 김철수입니다.

❼ 다른 항공회사편을 알아봐 주십시오.

❽ 가능한 한 빠른 슈트트가르트행 비행기편을 예약해 주십시오.

1. 출발전 준비!

❶ Lufthansa. Was darf es sein?
루프트한자 봐쓰 다르프 에스 자인

❷ Ich möchte meinen Flug bestätigen.
이히 뫼히테 마이넨 흘루크 베슈테티겐

❸ Ich möchte diese Reservierung abstellen.
이히 뫼히테 디이제 레저비어룽 압슈텔렌

❹ Ich möchte umbuchen.
이히 뫼히테 움부헨

❺ Sagen Sie Ihren Namen und Flugnummer.
자겐 지 이어렌 나멘 운트 플룩눔머

❻ Mein Name ist Chul Soo KIM.
마인 나메 이스트 철 수 김

❼ Bitte fragen Sie bei anderen Fluggesellschaften nach.
빗테 프라겐 지 바이 안더렌 흘룩게젤샤프텐 나흐

❽ Ich möchte den nächstmöglichen Flug nach Stuttgart buchen.
이히 뫼히테 덴 넥스트뫼글리헨 흘룩 나흐 슈트트가르트 부헨

빠르게 찾고 쉽게 말하는 여행회화! 여러분의 여행을 보다 즐겁고 편안하게 만들어 드립니다!!

항공권 관련 단어

➡ 항공권 예매관련 단어표현

여행사	das Reisebüro	다스 라이제뷰로
항공사	die Fluggesellschaft	디 플룩계젤샤프트
예약	die Reservierung	디 레저비어룽
확인	die Bestätigung	디 베슈테티궁
재확인	die Feststellung	디 페스트슈텔룽
취소	die Absage	디 압자게
정기편	der Linienflug	데어 리니엔플룩
항공권	der Flugschein	데어 플룩샤인
탑승권	die Einsteigkarte	디 아인슈틱스카르테
운임	der Fahrpreis	데어 파프라이스
1등석	Erste Klasse	에르스테 클라쎄
2등석	Zweite Klasse	쯔바이테 클라쎄
항공편명	der Flugnummer	데어 플룩눔머
연락처	die Adresse	디 아드레쎄
수속	die Abfertigung	디 앞페르티궁
카트	der Einkaufswagen	데어 아인카우프스바겐
대한항공	Korean Airline	코리안 에어라인
아시아나항공	Asiana Airline	아지아나 에어라인
독일항공	Lufthansa	루프트한자

2. 출국수속!

❶ 출국준비의 순서!

공항에서의 출국수속은 크게 다음과 같이 진행됩니다. 공항에 도착하시면 다음과 같은 순서로 출국수속을 밟으세요.

❶ 병무신고(남자 : 공항병무신고 사무소 3층 A카운터에서 확인필증 교부), ❷ 항공사 체크인(자신이 이용할 항공사 카운터로 이동해서 비행기 좌석번호와 수하물표를 받음), ❸ 관광진흥기금 구입(10,000원, 자동판매기 이용) 및 환전(공항 환전소나 공항내 면세점 구역 환전소 이용), ❹ 출입국신고서 작성(출국심사대 앞에 비치되어 있음), ❺ 비행기 탑승수속, ❻ 세관신고(고가품은 신고필증(**custom stamp**)을 교부

빠르게 찾고 쉽게 말하는 여행회화! 여러분의 여행을 보다 즐겁고 편안하게 만들어 드립니다!!

공항에서의 상식

받도록 함), ❼ 보안검색(금속탐지문 통과), ❽ 출국심사 (탑승권, 여권, 출입국신고서를 제출하면 심사관이 확인한 후 날인과 함께 출입국신고서의 한쪽을 절취해 여권에 부착해 줌), ❾ 탑승 게이트로 이동, ❿ 탑승의 순서로 임하시면 되겠습니다.

공항에는 최소한 2~3시간 전에 도착하도록 하며, 비행기 출발 30분 전에는 탑승게이트 대기실에 도착해 있어야 합니다.

❷ 인천국제공항 상식

ⓐ **공항까지의 교통편** : 국제선 이용 승객은 인천국제공항을 이용합니다. 인천국제공항까지는 인천국제공항 전용고속도로 (40.2km)를 이용합니다. 서울에서 인천공항까지의 이동 방법으로는 리무진 버스(서울역-인천국제공항간 75분 소요), 택시(60분 소요), 지하철(5호선 방화역, 김포공항에서 리무진 버스로 환승)을 이용하실 수 있습니다. 운송화물을 미리 보낼 경우, 김포 도심 터미널이나 삼성동 서울 도심공항 터미널을 이용하시면 공항 이용료가 할인됩니다.

> 인천국제공항 : **www.airport.or.kr**
> 서울 도심공항터미널 : **www.kcat.co.kr**

ⓑ **공항 면세점** : 출국심사를 마치고 탑승게이트 쪽으로 들어서면 공항 면세점이 중앙에 있습니다. 선물(시계, 화장품, 향수, 민속상품, 기념품)이나 기호품(담배, 술, 초콜릿, 문구류, 필름)을 할인된 가격으로 살 수 있습니다.

2. 출국수속!

❸ 공항에서 할 일!

ⓐ **병무신고** : 만 18세 이상 30세까지의 병역미필자는 인천국제공항 청사 3층에 있는 병무신고소에 거주지 동사무소로부터 발급 받은 신고필증을 제출하고, 확인필증을 교부받으면 됩니다.

ⓑ **항공사 데스크에서의 보딩패스** : 항공사 데스크로 가서 여권, 항공권을 제시하면 비행기내 좌석번호를 받게 됩니다. 그리고 탁송할 화물들을 계근대 위에 올려 놓으면 항공사 직원은 확인 후 수하물표(claim tag)를 가방에 달아 주고, 화물의 인환증을 항공표 뒷면에 붙여 줄 것입니다. 이때 인환증의 갯수와 행선지 표시를 반드시 확인해 만약 화물이 분실되었을 경우를 대비해야 합니다.

ⓒ **출국수속** : 공항이용권을 내고 출국심사장으로 들어가면 곧바로 세관을 통과하게 되고 출국심사대 앞에 서게 되는데, 이때에 여권, 항공권, 출국신고서를 심사대 직원에게 제출하면 됩니다. 직원은 여권의 유효관계를 확인하고 출국심사확인표를 여권에 붙여 줍니다.

✚ 관광진흥기금 구입과 출입국신고서 작성

'관광진흥기금'은 각 데스크 근처의 자동판매기에서 살 수 있으며, 가격은 10,000원입니다. (이것은 출국수속장 입구에 내시면 됩니다) 그리고 출입국신고서는 탑승수속 카운터 앞쪽에 마련된 테이블에 비치되어 있는 출입국신고서(**E/D Card**) 양식에 작성하면 됩니다. 양식은 한글, 한자, 알파벳으로 작성합니다.

① 보딩패스! 1.

❶ 비행기표를 보여 주시겠습니까?

❷ 여기 있습니다.

❸ 통로측 좌석을 원합니다.

❹ 좌석번호는 A-20입니다.

❺ KAL카운터로 이 짐을 운반해 주세요.

❻ 짐이 있습니까?

❼ 네, 있습니다.

❽ 아니오, 없습니다.

❾ 짐은 전부 2개입니다.

2. 출국수속!

❶ Zeigen Sie mir Ihren Flugschein.
차이겐 지 미어 이어렌 플룩샤인

❷ Hier ist mein Flugschein.
히어 이스트 마인 플푹샤인

❸ Einen Platz am Gang bitte!
아이넨 플랏쯔 암 강 빗테

❹ Der Platznummer ist A-20.
데어 프랏쯔눔머 이스트 아 쯔반찌히

❺ Bringen Sie dieses Gepäck zum KAL Schalter.
브링엔 지 디제스 게펙 줌 칼 샬터

❻ Haben Sie Gepäck?
하벤 지 게펙

❼ Ja, ich habe Gepäck.
야 이히 하베 게펙

❽ Nein, ich habe kein Gepäck.
나인 이히 하베 카인 게펙

❾ Ich habe insgesamt 2 Gepäck Stücke.
이히 하베 인스게잠트 쯔바이 게펙 슈튁케

빠르게 찾고 쉽게 말하는 여행회화! 여러분의 여행을 보다 즐겁고 편안하게 만들어 드립니다!!

❷ 보딩패스! 2.

❿ 짐은 전부 3개입니다.

⓫ 탑승 수속은 어디에서 합니까?

⓬ 5번 게이트는 어딥니까?

⓭ 공항 이용료는 얼마입니까?

⓮ 탑승 시간은 언제입니까?

⓯ 면세점은 어디에 있습니까?

⓰ 저쪽에 있습니다.

앗! 단어장!

die Einsteigkarte (디 아인슈틱스카르테) : 탑승권
der Reispass (데어 라이제파쓰) : 여권
der Flugschein (데어 플룩샤인) : 항공권

2. 출국수속!

❿ Ich habe insgesammt 3 Gepäck Stücke.
이히 하베 인스게잠트 드라이 게펙 슈튁케

⓫ Wo kann ich abfertigen?
보 칸 이히 앞페르티겐

⓬ Wo ist das Tor nr. 5?
보 이스트 다스 토어 눔머 퓌인프

⓭ Was kostet die Flughafengebühr?
봐스 코스텟 디이 플룩하펜게뷰어

⓮ Wann ist die Einstiegszeit?
반 이스트 디이 아인스틱스자이트

⓯ Wo ist das Tax Free?
보 이스트 다스 탁쓰 프리

⓰ Das Tax Free ist da.
다스 탁쓰 프리 이스트 다

앗! 단어장!

die Flughafensteuer (디 플룩하펜슈토이어)
 : 공항세
die Platznummer (디 플랏쯔눔머)
 : 좌석번호

빠르게 찾고 쉽게 말하는 여행회화! 여러분의 여행을 보다 즐겁고 편안하게 만들어 드립니다!!

탑승 관련 단어

공항 관련 단어표현

공항	der Flughafen	데어 플룩하펜
국제공항	der Internationale Flughafen	데어 인터나치오날레 플룩하펜
국제선	der Internationalflug	데어 인터나치오날플룩
국내선	der Inlandflug	데어 인란트플룩
안내소	die Information	디 인포마치온
입국수속	die Einreisekontrolle	디 아인라이제콘트롤레
검역소	die Quarantänestation	디 크바란테네슈타치온
세관	das Zollamt	다스 졸암트
탁송화물	das Gepäck	다스 게펙
탑승구	das Einstiegstor	다스 아인스틱스토어
대합실	der Wartesaal	데어 봐르테자알
신분증명서	der Personal Ausweis	데어 페르조날 아우스봐이스
출국수속	die Abreisekontrolle	디 앞라이제콘트롤레
출발지	der Abflugsort	데어 앞플룩스오르트
도착지	der Ankunftsort	데어 안쿤프스오르트

3. 출발! 기내에서

❶ 기내의 안전수칙!

ⓐ **지정좌석** : 기내에서는 지정된 좌석에 앉아야 합니다. 짐은 머리 위쪽의 선반에 넣습니다. 안전을 위해 무거운 짐은 다리 아래 놓습니다. 승무원의 지시에 따라 이착륙시에는 좌석에 앉고, 반드시 안전벨트를 착용합니다. 좌석상단의 메시지 램프에는 안전고도에서 정상운행 중일지라도 기류에 따라 경고 등이 표시되곤 합니다. 이때 **'No Smoking'**은 '금연'을, **'Fasten Seat Belt'**는 '안전벨트를 매시오' 라는 뜻입니다.

ⓑ **좌석의 조정** : 비행기의 좌석은 뒤로 젖힐 수 있게 되어있어 장거리 여행시에는 뒤로 눕혀 잠을 잘 수도 있습니다. 그러나 이착륙시나 식사 때는 의자를 바로 세워 정위치로 만듭

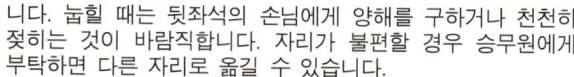
기내에서의 상식!

니다. 눕힐 때는 뒷좌석의 손님에게 양해를 구하거나 천천히 젖히는 것이 바람직합니다. 자리가 불편할 경우 승무원에게 부탁하면 다른 자리로 옮길 수 있습니다.

ⓒ **안전사항** : 비행기 멀미를 하시는 분이라면 좌석 앞주머니에 준비되어 있는 구토용 봉지를 사용하시거나, 호출버튼을 눌러 스튜어디스에게 찬음료나 진정제 등을 부탁할 수 있습니다. 그리고 기내 주요 유의사항으로는 비행기 안전운항에 장애가 될 수 있기 때문에 모든 전자제품의 사용을 금하는 것과 다른 승객에게 불편이 될 수 있기 때문에 기내에서는 금연이라는 것, 그리고 흉기의 기내 반입은 절대 금지되고 있음을 기억해 주십시오.

❷ 기내의 식사!

기내식으로 제공되는 것으로는 식사, 차, 주류 및 청량음료 등이 있습니다. 좌석의 등급별로 식사는 다르게 나오며, 본인이 못 먹는 음식은 피할 수도 있습니다. (채식식단과 육식식단이 함께 준비되기 때문에 선택적으로 주문이 가능합니다.) 기내식은 통상 이륙 후 3~4시간 후에 서비스됩니다. 음료는 식사 때가 아니더라도 필요하면 언제라도 주문이 가능하며, 기내에서는 탄산음료 보다는 물이나 과일 주스류가 좋습니다. 주류는 제한된 양이지만 맥주 한두 캔이나 와인 한두 잔은 무료로 서비스됩니다. 그러나 기내에서의 음주는 기압과 안전을 고려해 평소 주량의 1/3 정도만 드시는 것이 좋습니다.

❸ 기내의 서비스들!

독일까지 항공편으로 갈 경우 소요되는 시간은 약 12시간여

3. 출발! -기내에서-

정도입니다. 독일행 기내에서는 좌석의 팔걸이에 장치된 다이얼과 좌석 주머니의 이어폰을 사용하여 영화와 함께 스포츠 방송을 볼 수 있고, 팝송, 컨트리송, 가요, 클래식 등 장르별로 음악을 즐길 수도 있습니다. 영화나 방송의 내용 그리고 음향이나 채널의 안내는 앞에 비치된 안내책자를 참고하십시오. 그밖에 독일의 신문, 잡지 및 트럼프, 바둑 등 오락기구도 구비되어 있어서 필요할 때 승무원에게 요구하시면 됩니다. 이들 오락기구는 대부분 승객들에게 서비스 되는 것들로 기념품으로 가져가도 됩니다. (헤드폰과 담요는 반납해야 함)

❹ 기내의 면세쇼핑!

기내에서는 양주, 담배, 향수, 시계, 화장품, 스카프, 완구 등의 기호품과 선물용품들이 면세된 가격으로 판매됩니다. 세계적으로 유명한 제품들이 선정되어 구비되어 있으며, 주문과 배달도 가능합니다. 쇼핑 품목 및 수량은 독일의 반입 허용량을 고려하여 구입하도록 합니다. 보통 담배 200개비, 와인 2리터, 향수 1.5온스 정도가 면세 한도입니다.

✚ 기내화장실 상식!

기내 화장실은 남녀 공용입니다. 화장실의 현재 사용 상태는 벽면의 표시등으로 표시됩니다. 사용중이면 **'Occupied'**, 비어있을 때는 **'Vacant'**라는 표시등에 불이 켜집니다. 화장실로 들어 갈때는 문을 밀어서 열고, 나올 때는 잡아 당겨서 문을 엽니다. 화장실의 사용법은 일반 수세식변기 사용과 같으며, 사용한 휴지는 쓰레기통에 버려야 합니다. 이착륙시 또는 이상 기류로 기체가 흔들릴 때는 **'Return to seat'**(좌석으로 돌아가라)라는 표시등이 켜지게 됩니다. 이럴 땐 서둘러 자리로 돌아가도록 합니다. 화장실도 금연구역입니다. 반드시 지켜야 합니다.

① 기내 입구에서!

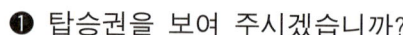

❶ 탑승권을 보여 주시겠습니까?

❷ 여기 있습니다.

❸ 손님 좌석은 30-B입니다.

❹ 고맙습니다.

❺ 실례합니다. 제 자리는 12-D입니다.

❻ 좌석 12-D는 어디입니까?

❼ 손님 좌석은 저쪽 통로 쪽입니다.

❽ 이 좌석이 어디입니까?

❾ 이쪽으로 오십시오.

3. 출발! -기내에서-

❶ Zeigen Sie mir Ihr Flugticket!
차이겐 지 미어 이어 플룩티켓

❷ Hier ist mein Flugticket.
히어 이스트 마인 플룩티켓

❸ Ihre Sitz Nummer ist 30-B.
이어레 짓쯔 눔머 이스트 드라이찌히 베

❹ Danke schön.
당케 쉔

❺ Verzeihung, meine Sitz Nummer ist 12-D.
페어짜이웅 마이네 짓쯔 눔머 이스트 쯔벨프- 데

❻ Wo ist die Sitz Nummer 12-D?
보 이스트 디 짓쯔 눔머 쯔벨프 -데

❼ Ihre Sitz Nummr ist auf der anderen Seite.
이어레 짓쯔 눔머 이스트 아우프 데어 안더렌 자이테

❽ Wo liegt diese Sitz Nummer?
보 리익트 디이제 짓쯔 눔머

❾ Kommen Sie hierher.
콤멘 지 히어헤어

빠르게 찾고 쉽게 말하는 여행회화! 여러분의 여행을 보다 즐겁고 편안하게 만들어 드립니다!!

❷ 기내 좌석에서!

❶ 자리 좀 바꾸어 주실 수 있습니까?

❷ 네, 뒤쪽에 빈자리가 많이 있습니다.

❸ 통로쪽 자리였으면 좋겠습니다.

❹ 잠깐 지나가도 될까요?

❺ 이 자리에 앉아도 되겠습니까?

❻ 죄송합니다만, 여긴 제자리 같습니다.

❼ 좌석을 제 위치로 해 주십시오.

❽ 의자를 뒤로 젖혀도 되겠습니까?

❾ 이 비행기는 정시에 이륙합니까?

3. 출발! -기내에서-

❶ Können Sie den Platz tauschen?
켄넨 지 덴 플랏쯔 타우셴

❷ Hinter mir gibt es viele freie Plätze.
힌터 미어 깊 에쓰 피일레 프라이에 플렛째

❸ Der Platz an der Gangseite ist schön.
데어 플랏쯔 안 데어 강자이테 이스트 쉔

❹ Darf ich kurz vorbei kommen?
다르프 이히 쿠르쯔 포바이 콤멘

❺ Darf ich mich hier hinsetzen?
다르프 이히 미히 히어 힌젯젠

❻ Verzeihung, hier ist mein Platz.
페어 짜이웅 히어 이스트 마인 플랏쯔

❼ Verlegen Sie den Platz nach vorne!
페어레겐 지 덴 플랏쯔 나하 포르네

❽ Darf ich den Platz nach hinten verlegen?
다르프 이히 덴 플랏쯔 나하 힌텐 페어레겐

❾ Kommt diese Maschine pünktlich an?
콤트 디제 마쉬네 퓽크트리히 안

빠르게 찾고 쉽게 말하는 여행회화! 여러분의 여행을 보다 즐겁고 편안하게 만들어 드립니다!!

③ 기내식의 주문!

❶ 닭고기와 쇠고기 중 어떤 것을 드시겠습니까?

❷ 쇠고기요리로 주세요.

❸ 녹차와 홍차 중 어떤 것을 드릴까요?

❹ 홍차로 주세요.

❺ 물을 좀 주세요.

❻ 오렌지 주스로 주십시오.

❼ 손님, 식사 다 하셨습니까?

❽ 네, 끝났습니다.

❾ 고맙습니다.

3. 출발! -기내에서-

❶ Wollen Sie Hänchen oder Rindfleisch?
볼렌 지 헨셴 오더 린트플라이쉬

❷ Ich will Rindfleisch.
이히 빌 린트플라이쉬

❸ Wollen Sie grünen Tee oder schwarzen Tee?
볼렌 지 그뤼넨 테 오더 슈바르젠 테

❹ Ich nehme schwarzen Tee.
이히 네메 슈바르젠 테

❺ Geben Sie mir ein Mineralwasser.
게벤 지 미어 아인 미네랄봐써

❻ Geben Sie mir ein Orangensaft.
게벤 지 미어 아인 오랑젠자프트

❼ Sind Sie mit dem Essen fertig?
진트 지 밋 뎀 에쎈 페르티히

❽ Ja, ich bin fertig.
야 이히 빈 페르티히

❾ Danke schön.
당케 쉔

빠르게 찾고 쉽게 말하는 여행회화! 여러분의 여행을 보다 즐겁고 편안하게 만들어 드립니다!!

④ 기내에서의 쇼핑!

❶ 기내에서 면세품을 팝니까?

❷ 만년필 있습니까?

❸ 네, 있습니다.

❹ 두 개에 얼마입니까?

❺ 여성용 화장품이 있습니까?

❻ 위스키 2병 주세요.

❼ 담배 있습니까?

❽ 한 보루 주세요.

❾ 한국 돈으로 지불해도 됩니까?

3. 출발! -기내에서-

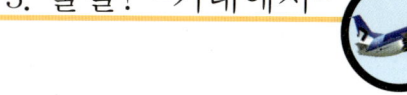

❶ **Gibt es in der Maschine das Tax Free?**
깊 에스 인 데어 마쉬네 다스 탁스 프리

❷ **Haben Sie Füllfederhalter?**
하벤 지 퓰페더할터

❸ **Ja, ich habe das.**
야 이히 하베 다스

❹ **Was kostet zwei Stück?**
봐스 코스텟 쯔바이 슈틱

❺ **Gibt es Kosmetik für Frauen?**
깊 에쓰 코스메틱 퓨어 프라우엔

❻ **Geben Sie mir zwei Whisky.**
게벤 지 미어 쯔바이 위스키

❼ **Haben Sie Zigarette?**
하벤 지 찌가레테

❽ **Geben Sie mir eine Stange.**
게벤 지 미어 아이네 슈탕에

❾ **Darf ich mit koreanischen Währung bezahlen?**
다르프 이히 밋트 코리아니쉔 베룽 베잘렌

빠르게 찾고 쉽게 말하는 여행회화! 여러분의 여행을 보다 즐겁고 편안하게 만들어 드립니다!!

❺ 신고서 작성!

❶ 펜 좀 있습니까?

❷ 그럼요. 여기 있습니다.

❸ 제 입국서 좀 봐주시겠습니까?

❹ 어떻게 기재하는지 가르쳐 주십시오.

❺ 여기에 무엇을 써야 됩니까?

❻ 입국신고서를 한 장 더 얻을 수 있을까요?

❼ 제가 좀 틀리게 썼습니다.

3. 출발! -기내에서-

❶ Haben Sie einen Kugelschreiber?
하벤 지 아이넨 쿠겔슈라이버

❷ Ja, hier ist das.
야 히어 이스트 다스

❸ Können Sie meine Einreiseerlaubnis durchlesen?
켄넨 지 마이네 아인라이제에어라웁니쓰 두루히레젠

❹ Erklären Sie bitte für die Eintragung!
에어클레렌 지 비테 퓨어 디 아인트라궁

❺ Was soll ich eintragen?
봐쓰 졸 이히 아인트라겐

❻ Darf ich ein Einreiseerlaubnisformular mehr haben?
다르프 이히 아인 아인라이제에어라웁니쓰포뮬라 메어 하벤

❼ Ich habe mich verschrieben.
이히 하베 미히 페어슈리벤

⑥ 경유와 환승시!

❶ 여기에서 얼마나 체류하게 되나요?

❷ 약 1시간 정도입니다.

❸ 당신은 통과 여객이십니까?

❹ 얼마나 기다려야 합니까?

❺ 대합실에 면세점이 있습니까?

❻ 저는 하노버로 가는편으로 갈아타려 합니다.

❼ 내가 탈 항공편의 확인은 어디에서 합니까?

Wie lange (뷔 랑에) : 얼마나 오래
der Stunde (데어 슈툰데) : 시간
warten (바르텐) : 기다리다

3. 출발! -기내에서-

❶ **Wie lange wollen Sie hier bleiben?**
뷔 랑에 볼렌 지 히어 블라이벤

❷ **Ca. 1 Stunde.**
치르카 아이네 슈툰데

❸ **Sind Sie Transitpassagier?**
진트 지 트란짓파싸지어

❹ **Wie lange soll ich warten?**
뷔 랑에 졸 이히 바르텐

❺ **Gibt es das Tax Free in der Wartehalle?**
깁 에쓰 다스 탁스 프리 인 데어 바르테할레

❻ **Ich bin ein Transitpassagier nach Hannover.**
이히 빈 아인 트란짓팟싸지어 나하 하노버

❼ **Wo kann ich meine Flugmaschine bestätigen?**
보 칸 이히 마이네 플룩마쉬네 베슈테티겐

das Tax Free (다스 탁스 프리) : 면세점
die Wartehalle (디 바르테할레) : 대합실
bestätigen (베슈테티겐) : 확인하다

앗! 단어장!

빠르게 찾고 쉽게 말하는 여행회화! 여러분의 여행을 보다 즐겁고 편안하게 만들어 드립니다!!

기내 관련 단어들!

▶ 기내용 단어표현

기장	**der Kapitän**	데어 카피텐
승무원	**der Steward**	데어 슈테바르트
여승무원	**die Stewardess**	디 슈테바데스
화물실	**der Gepäckraum**	데어 게펙라움
화장실	**die Toilette**	디 토일레트
이어폰	**der Kopfhörer**	데어 코프훼러
멀미주머니	**die Spucktüte**	디 스푹튜테
구명동의	**die Schwimmweste** 디 슈빔베스테	
독서등	**die Leselampe**	디 레제람페
안전벨트	**der Sicherheitsgürtel** 데어 지혀하이쓰규르텔	
금연	**Rauchen Verboten** 라우켄 페어보텐	

▶ 기내화장실 안내문구

한국어	독일어	발음
비어 있음	**Frei**	프라이
사용중	**Besetzt**	베제쯔트

3. 출발! -기내에서-

콘센트	**die Steckdose**	디 슈택도제
재떨이	**der Aschenbecher**	
	데어 아셴베혀	
문을 잠그시오	**Schließen Sie die Tür**	
	슐리쎈 지 디 튜어	
버튼을 누르시오	**Drücken Sie den Knopf**	
	두륙켄 지 덴 크노프	

➡ 경유 / 환승 관련 단어표현

비행기	**die Flugmaschine**	
	디 플룩마쉬네	
대합실	**die Wartehalle**	디 바르테할레
입국신청서	**das Einreiseerlaubnisformular**	
	다스 아인라이제에어라웁니쓰포물라	
입국사증	**das Visum**	다스 비줌
목적지	**das Ziel**	다스 질
시차	**die Zeitverschiebung**	
	디 자이트페어쉬붕	
이륙	**der Abflug**	데어 앞풀룩

빠르게 찾고 쉽게 말하는 여행회화! 여러분의 여행을 보다 즐겁고 편안하게 만들어 드립니다!!

✚ 기내 관련 단어들!

착륙	**die Ankunft**	디 안쿤프트
국제공항	**der internationale Flughafen**	
	데어 인터나치오날레 플룩하펜	
통과여객	**der Umsteiger**	
	데어 움슈타이거	
항공시간표	**der Flugplan**	데어 플룩플란

✚ 독일 입국 상식!

독일을 둘러싸고 있는 주변국들이 모두 9개국에 이르므로 비행기뿐만 아니라 철도나 자동차등으로도 입국을 할 수 있습니다. 더우기 EU 가맹국간에는 국경 통과시 무비자로 입국이 가능하므로 간소한 검문만으로도 독일로 들어올 수 있습니다.

철도로 입국시에는 국경에 이를 즈음에 양국 국경 검문원과 세관원이 함께 다니며 여권을 검사하며, 자동차로 입국시에는 국경 검문소에서 여권 검사를 합니다. 요즘은 EU 가맹국간에 국경 검문소가 폐지된 곳이 많아서 이 정도의 여권 검사도 안 하는 곳이 많으나 동유럽으로 가는 곳에는 아직도 국경 검문소가 있습니다.

4. 목적지 도착!

❶ 입국절차 상식!

목적지의 공항에 도착해서 비행기에서 내리면 곧 입국절차를 밟게 됩니다. 입국절차는 출국과 반대의 순으로 진행됩니다. 즉 ⓐ 공항도착, ⓑ 'Arrival'이라고 표시된 출구로 나갑니다, ⓒ 입국심사, ⓓ 수하물 찾기, ⓔ 세관검사, ⓕ 입국완료의 순으로 진행됩니다. 좀 더 세부적으로 소개하면 다음과 같습니다.

입국심사의 모든 것!

❷ 입국심사!

입국심사대(**Immigration**)는 EU, Non EU Nationals로 구분이 되어 있는데 우리나라 관광객들은 Non EU Nationals라고 쓰여 있는 심사대로 가면 됩니다. 여행자가 심사원에게 여권과 입국 신고서를 제시하면 심사관리는 여권확인과 함께 스탬프를 찍고 입국카드 확인부분을 여권에 넣어 다시 돌려주게 됩니다. 이렇게 하면 입국심사는 완료됩니다. 보통 입국경위나 체재지, 체재기간 등을 우리나라 사람에게는 묻지 않아 심사절차가 간단하게 마무리 됩니다.

❸ 수하물 찾기!

입국심사를 마치면 '수하물 찾는곳'(**baggage claim area**)으로 갑니다. 찾을 짐이 많으면 짐수레(**cart**)를 준비해 탁송된 짐이 실려 나오는 콘베이어 앞에서 기다립니다. (비슷한 가방이 많기 때문에 이름을 반드시 확인할 것) 국제공항에는 수하물 찾는 곳이 여러 곳이므로, 본인이 이용했던 항공편 표시등 아래로 찾아가야만 착오가 없습니다. 수하물이 나오는 시간은 보통 30분 정도 걸리며, 착륙 비행기가 많을 경우에 1시간 넘게 걸리는 때도 있습니다. 자신의 짐이 발견되면 수하물 인환증(**claim tag**)의 번호와 짐 번호를 확인하도록 하며, 만약 짐이 나오지 않을 경우에는 항공사 직원에게 협조를 구하도록 합니다. 분실신고는 화물도착 후 4시간 이내에 해야 합니다.

4. 목적지 도착! -입국심사-

❹ 세관통관 상식!

짐을 찾으면 마지막 통관문인 세관검사대(**Customs**)로 갑니다. 신고 순서가 되기 전에 모든 짐의 자물쇠를 풀어 세관원이 쉽게 볼 수 있게 하며, 신고할 물건이 없으면 녹색 검사대를 이용하고, 신고할 물건이 있을 경우에는 붉은색 검사대 쪽으로 갑니다. 기내에서 작성한 세관 신고서와 여권을 세관원에게 제시하면 이를 토대로 짐을 조사합니다. 주로 검색하는 품목은 과세 대상품입니다. 그러므로 과세 대상품에 속하는 귀금속, 사치품, 고급 카메라 등은 정확하게 신고해야 합니다. 만약, 과세대상을 신고하지 않으면 압류당하거나 무거운 벌금을 내게 됩니다. 이렇게 하면 독일 입국을 위한 모든 심사과정이 끝이 납니다.

✚ 입국카드 작성법!

입국카드는 기내에서 미리 작성해 두도록 합니다. 입국카드의 작성법은 반드시 볼펜으로 기입하며, 영문 대문자로 씁니다. 기록내용은 ① **성과 이름**, ② **생년월일**, ③ **성별**, ④ **여권번호**, ⑤ **국적**, ⑥ **독일비자번호**, ⑦ **동행 사람수**, ⑧ **항공기 편명**, ⑨ **직업(해당란에 표시)**, ⑩ **독일내 체류지**, ⑪ **서명** 등을 각각 기입하면 됩니다.

① 입국심사대에서 1.

❶ 입국심사는 어디에서 합니까?

❷ 여권 좀 보여 주시겠습니까?

❸ 검역증명서를 보여주세요.

❹ 방문 목적은 무엇입니까?

❺ 여행 왔습니다.

❻ 사업차 왔습니다.

❼ 친척을 방문하러 왔습니다.

❽ 독일 방문이 처음이십니까?

❾ 네, 이번이 처음입니다.

4. 목적지 도착! -입국심사-

❶ Wo ist die Paßkontrolle?
보 이스트 디 파쓰콘트롤레

❷ Zeigen Sie mir Ihren Reisepass!
차이겐 지 미어 이어렌 라이제파쓰

❸ Zeigen Sie mir Ihre Quarantänebescheinigung!
차이겐 지 미어 이어레 크바란테네베샤이니궁

❹ Was ist der Zweck Ihrer Reise?
봐쓰 이스트 데어 쯔벡 이어러 라이제

❺ Ich will reisen.
이히 빌 라이젠

❻ Ich bin auf Geschäftsreise.
이히 빈 아우프 게셰프스라이제

❼ Ich besuche meine Verwandten.
이히 베주케 마이네 페어반텐

❽ Sind Sie zum ersten Mal in Deutschland?
진트 지 쭘 에르스텐 말 인 도이칠란트

❾ Ja, ich bin zum ersten Mal hier.
야 이히 빈 쭘 에르스텐 말 히어

빠르게 찾고 쉽게 말하는 여행회화! 여러분의 여행을 보다 즐겁고 편안하게 만들어 드립니다!!

② 입국심사대에서 2.

❿ 며칠 동안 체류하십니까?

⓫ 30일입니다.

⓬ 2주일 정도입니다.

⓭ 어디에 가십니까?

⓮ 베를린입니다.

⓯ 본 어디에서 머무르실 겁니까?

⓰ 인터내셔널호텔에 머물 예정입니다.

⓱ 돌아갈 항공권을 갖고 계십니까?

⓲ 여기 있습니다.

4. 목적지 도착! -입국심사-

❿ Wie lange wollen Sie bleiben?
뷔 랑에 볼렌 지 블라이벤

⓫ Ca. 30 Tage.
치르카 드라이씨히 타게

⓬ Ca. zwei Wochen.
치르카 쯔바이 보켄

⓭ Wohin wollen Sie?
보힌 볼렌 지

⓮ Ich will nach Berlin.
이히 빌 나하 베를린

⓯ Wo bleiben Sie in Bonn?
보 블라이벤 지 인 본

⓰ Ich bleibe in International Hotel.
이히 블라이베 인 인터나치오날 호텔

⓱ Haben Sie ein Rückflugticket?
하벤 지 아인 륙플룩티켓

⓲ Hier ist Rückflugticket.
히어 이스트 륙플룩티켓

③ 수하물 찾기!

❶ 수하물 찾는 곳은 어디입니까?

❷ 수하물 찾는 곳은 저쪽입니다.

❸ 갈색 가방이 제 것입니다.

❹ 더이상 찾을 수가 없습니다.

❺ 실례합니다만,
제 가방을 찾을 수 없습니다.

❻ 제 짐을 찾을 수 있게 도와주세요.

❼ 그러죠. 수하물 인환증 가지고 계시죠?

die Gepäckausgabe (디 게펙아우스가베)
: 수하물 찾는 곳
die Tasche (디 타셰) : 가방
finden (핀덴) : 발견하다

앗! 단어장!

4. 목적지 도착! -입국심사-

❶ Wo ist die Gepäckausgabe?
보 이스트 디 게펙아우스가베

❷ Die Gepäckausgabe ist da.
디 게펙아우스가베 이스트 다

❸ Die braune Tasche ist meine.
디 브라우네 타쉐 이스트 마이네

❹ Ich finde meine Tasche nicht mehr.
이히 핀데 마이네 타쉐 니히트 메어

❺ Verzeihung, ich finde meine Tasche nicht.
페어짜이웅 이히 핀데 마이네 타쉐 니히트

❻ Helfen Sie mir für mein Gepäck!
헬펜 지 미어 퓨어 마인 게펙

❼ Gut, haben Sie den Gepäckschein?
굿 하벤 지 덴 게펙샤인

앗! 단어장!

Verzeihung! (페어짜이웅) : 실례합니다!
helfen (헬펜) : 돕다
der Gepäckschein (게펙샤인) : 수하물인환증

빠르게 찾고 쉽게 말하는 여행회화! 여러분의 여행을 보다 즐겁고 편안하게 만들어 드립니다!!

④ 세관심사!

❶ 신고하실 것이 있습니까?

❷ 아니오, 없습니다.

❸ 친구에게 줄 시계가 있습니다.

❹ 위스키 두 병을 갖고 있습니다.

❺ 이것들은 모두 개인 소지품입니다.

❻ 이 카메라는 내가 사용하는 것입니다.

❼ 이 가방 좀 열어 주시겠습니까?

❽ 세관으로 가 주십시오.

❾ 수화물 보관증을 발급하나요?

4. 목적지 도착! -입국심사-

❶ Haben Sie etwas zu verzollen?
하벤 지 에트바스 주 페어쫄렌

❷ Nein, ich habe nicht.
나인 이히 하베 니히트

❸ Ich habe eine Uhr für Freund.
이히 하베 아이네 우어 퓨어 프로인트

❹ Ich habe zwei Whisky.
이히 하베 쯔바이 위스키

❺ Dies ist meine private Sache.
디스 이스트 마이네 프리바테 자케

❻ Dieser Kamera ist schon gebraucht.
디저 카메라 이스트 숀 게브라욱트

❼ Machen Sie diesen Koffer auf.
마켄 지 디젠 코퍼 아우프

❽ Gehen Sie bitte zum Zollamt.
게헨 지 비테 쭘 쫄암트

❾ Können Sie den Gepäckschein ausstellen?
켄넨 지 덴 게펙샤인 아우스슈텔렌

⑤ 공항 여행안내소

❶ 유스호스텔이 있습니까?

❷ 방을 예약하고 싶습니다.

❸ 근처에 다른 호텔이 있습니까?

❹ 특급 호텔에 묵고 싶습니다.

❺ 호텔까지 어떻게 갑니까?

❻ 시내로 가는 버스가 있습니까?

❼ 버스 정류장은 어디 있습니까?

das Zimmer (다쓰 짐머) : 방, 객실
reservieren (레저비이렌) : 예약하다
übernachten (위버나흐텐) : 투숙하다

4. 목적지 도착! -입국심사-

❶ Gibt es Jugenherberge?
깁 에쓰 유겐트헤어베르게

❷ Ich möchte das Zimmer reservieren.
이히 뫼히테 다스 찜머 레저비이렌

❸ Gibt es andere Hotel in der Nähe?
깁 에쓰 안더레 호텔 인 데어 네에

❹ Ich möchte auch in luxuriösen Hotel übernachten.
이히 뫼히테 아우흐 인 룩스리외젠 호텔 위버나흐텐

❺ Wie gehe ich zum Hotel?
뷔 게헤 이히 쭘 호텔

❻ Gibt es den Bus zur Innenstadt?
깁 에쓰 덴 부쓰 주어 인넨슈타트

❼ Wo ist die Bushaltestelle?
보 이스트 디 부스할테슈텔레

das Hotel (다쓰 호텔) : 호텔
die Innenst (디 인넨슈타트) : 시내
die Bushaltestelle (디 부스할테슈텔레)
　　　　　　　　　　　　: 버스정류장

앗! 단어장!

입국 관련 단어들!

◐ 입국 관련 단어표현

여행자	der Tourist	데어 투리스트
관광	die Reise	디 라이제
사업	das Geschäft	다스 게쉐프트
연수	das Praktikum	다스 프락티쿰
회의	die Konferenz	디 콘퍼렌쯔
짐수레	der Gepäckwagen	데어 게펙바겐

신고하다	anmelden	안멜덴
개인용품	die Privatsache	디 프리밧트자케
선물	der Geschenk	데어 게셩크
약	das Medikament	다스 메디카멘트

반입금지	Einbringung Verboten	아인브링웅 페어보텐
면세품	Steuerfreier Artikel	슈토이어프라이어 아티켈
관세법	die Zollgesetzte	디 졸게제쯔테
세관직원	der Zollbeamter	데어 졸베암터

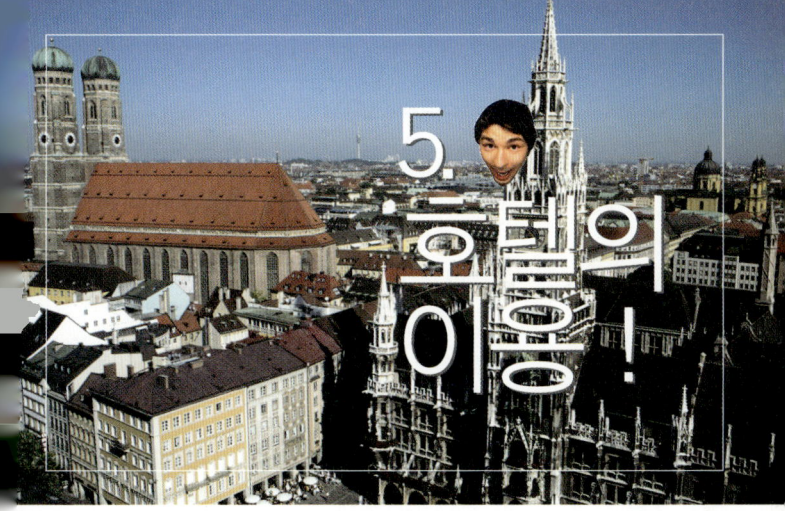

5. 호텔의 이용!

❶ 호텔의 예약!

요즘은 대부분 출발전 한국에서 호텔예약을 하거나 본인이 직접 인터넷으로 예약을 합니다. 때문에 호텔예약 확인증(바우쳐)을 받아서 가지고 나가면 숙소 문제는 미리 해결하고 갈 수 있습니다. 한국에서 호텔을 미리 예약할 경우, 현지 요금의 80~85% 정도로 저렴합니다. (대부분의 여행사나 인터넷 사이트를 이용하면 쉽게 찾을 수 있습니다.)

독일 현지의 호텔을 정할 때 가장 중요한 사항은 교통이 편리한지, 식사가 제공되는지, 가격은 적당한지를 알아봐야 합

빠르게 찾고 쉽게 말하는 여행회화! 여러분의 여행을 보다 즐겁고 편안하게 만들어 드립니다!!

호텔은 이렇게 이용!

니다. 예약시에는 원하는 방의 종류, 도착일, 숙박일수, 항공편 등을 알려 주어야 하며, 현지에서 예약할 경우는 직접 전화를 하거나 여행 안내소에 예약을 부탁하면 됩니다.

❷ 독일의 숙박 시설!

독일의 숙박시설은 크게 호텔(Hotel), 호텔 가르니(Hotel Garni), 가스트호프(Gasthof), 펜지온(Pension), 프리바트찜머(Privatzimmer), 유겐트헤르베르게(Jugendherberge)와 캠핑장(Camping)이 있습니다.

호텔(Hotel)은 비즈니스급에서 최고급에 이르기까지 다양하며 고성을 호텔로 개조한 곳도 있습니다. 요금은 싱글룸 기준으로 100DM~250DM 정도입니다.

호텔 가르니(Hotel Garni)는 따로 레스토랑은 없으며 아침식사만 제공되는 숙박시설로 요금은 50DM~100DM 정도입니다.

독일식 여관인 **가스트호프(Gasthof)**는 1층이 레스토랑, 위층이 숙소로 되어있어 숙식을 함께 해결할 수 있습니다. 대도시보다는 중소도시에 많이 있으며 요금이 저렴합니다.

펜지온(Pension)은 객실수가 적은 소규모 호텔로서 가정적이며 편안한 분위기를 느낄 수 있습니다.

우리나라 민박과 같은 **프리바트찜머(Privatzimmer)**는 지방 소도시나 리조트 지역 주변에 많이 있습니다.

유스호스텔인 **유겐트헤르베르게(Jugendherberge)**는 전국에 걸쳐서 640개 정도가 있으며 저렴한 요금으로 여행객들에게 인기있는 숙박시설입니다. 요금은 1인 기준으로 20DM~30DM 정도이며 회원증이 있어야 합니다.

독일은 특히 **캠핑장(Camping)** 시설이 아주 잘 되어 있는데 샤워장과 전기시설은 물론 레스토랑, 바, 매점 등이 갖추어져 있어 이용하기에 불편이 없습니다.

5. 호텔의 이용!

❸ 체크인!

체크인(**check in** : 숙박절차)은 프론트 데스크에서 합니다. 예약이 되어 있을 경우는 이름을 말하시고 예약확인서(바우처)를 제시하면 직원은 예약리스트 또는 예약카드를 조회한 후, 숙박신고서 기재를 요구할 것입니다. 숙박신고서에는 여권번호, 비자번호, 성명 등을 기입하도록 되어 있습니다. 체크인은 정오가 지나면 언제나 가능합니다.

❹ 체크아웃!

호텔의 숙박료는 하루, 즉 24시간 단위로 받습니다. 통상 정오에서 다음날 정오까지를 일박으로 계산하며, 이때가 이른바 체크아웃 타임(**check-out time**)입니다. 그 이상 호텔에 머물게 되면 숙박요금을 더 물게 됩니다. 요금을 지불하는 방식으로는 ⓐ 크레디트 카드와, ⓑ 현금으로 지불하는 방법 두 가지가 있습니다. 호텔계산서에는 숙박한 일수, 룸서비스를 이용해 드신 것의 요금, 식사대(호텔의 레스토랑 또는 바에서 사인한 청구서 등), 호텔에서 외부에 건 전화요금, 세탁료, 객실 냉장고에서 꺼내 마신 음료수 값 등이 계산됩니다.

✚ 독일 화장실 이용 상식!

독일에서는 백화점은 물론 거의 모든 상점에서 유료로 화장실을 운영하고 있습니다. 그러므로 독일을 여행시에는 항상 약간의 잔돈을 준비하는 것이 좋으며, 참고로 신사용은 (Herren), 숙녀용은 (Damen)으로 표시됩니다.

① 체크인(예약시)

❶ 제 짐을 방까지 날라다 주세요.

❷ 예약했습니다.

❸ 제 이름은 이민수입니다.

❹ 서울에서 예약을 했습니다.

❺ 숙박부를 기재해 주십시오.

❻ 현금으로 지불하시겠습니까?

❼ 비자카드를 사용하겠습니다.

❽ 현금으로 하겠습니다.

❾ 당신 짐이 더 있습니까?

5. 호텔의 이용!

❶ Bringen Sie bitte mein Gepäck zum Zimmer!
브링엔 지 비테 마인 게펙 쭘 찜머

❷ Ich habe es reserviert.
이히 하베 에스 레저비어트

❸ Mein Name ist Min Soo LEE.
마인 나메 이스트 민 수 리

❹ Ich habe in Seoul reserviert.
이히 하베 인 서울 레저비어트

❺ Erfüllen Sie bitte diesen Meldezettel!
에어퓰렌 지 비테 디젠 멜데체텔

❻ Bezahlen Sie mit Bargeld?
베짤렌 지 미트 바겔트

❼ Ich bezahle mit VISA Karte.
이히 베짤레 미트 비자 카르테

❽ Ich bezahle mit Bargeld.
이히 베짤레 미트 바겔트

❾ Haben Sie Gepäck mehr?
하벤 지 게펙 메어

빠르게 찾고 쉽게 말하는 여행회화! 여러분의 여행을 보다 즐겁고 편안하게 만들어 드립니다!!

❷ 체크인(미예약)

❶ 빈방이 있습니까?

❷ 예약은 못 했습니다.

❸ 1박에 얼마입니까?

❹ 요금은 아침식사 포함입니까?

❺ 싱글룸을 부탁합니다.

❻ 오늘밤부터 3일간 머물겠습니다.

❼ 욕실(샤워실)이 있는 방을 원합니다.

❽ 체크아웃 시간은 몇 시입니까?

❾ 좀더 싼방은 없습니까?

5. 호텔의 이용!

❶ Haben Sie Zimmer frei?
하벤 지 찜머 프라이

❷ Ich habe nicht reserviert.
이히 하베 니히트 레저비어트

❸ Was kostet das Zimmer pro Nacht?
바스 코스텟트 다스 찜머 프로 나하트

❹ Ist das Frühstück in diesem Preis inbegriffen?
이스트 다스 푸뤼-슈틱크 인 디젬 프라이스 인베그리펜

❺ Geben Sie mir ein Einzelzimmer!
게벤 지 미어 아인 아인젤찜머

❻ Ich möchte von heute an 3 Nächte bleiben.
이히 뫼히테 폰 호이테 안 드라이 네히테 블라이벤

❼ Ich will ein Zimmer mit Bad.
이히 빌 아인 찜머 밋트 바트

❽ Um wieviel Uhr muß man das Hotel verlassen?
움 뷔필 우어 무쓰 만 다스 호텔 페어랏쎈

❾ Haben Sie etwas Billigeres?
하-벤 지 에트바스 빌리거레스

빠르게 찾고 쉽게 말하는 여행회화! 여러분의 여행을 보다 즐겁고 편안하게 만들어 드립니다!!

❸ 객실의 이용!

❶ 에어컨(냉난방)은 어떻게 조절합니까?

❷ 다른방을 갖고 싶습니다.

❸ 아침식사 룸서비스가 됩니까?

❹ 비상구는 어디에 있습니까?

❺ 더운 물이 나오지 않습니다.

❻ 화장실 물이 안 나옵니다.

❼ 텔레비전이 켜지지 않습니다.

앗! 단어장!

kontrollieren (콘트롤리어렌) : 조절하다
die Klimaanlage (디 클리마안라게)
: 에어컨

5. 호텔의 이용!

❶ **Wie kontrolliere ich die Klimaanlage?**
뷔 콘트롤리어레 이히 디 클리마안라게

❷ **Ich möchte anderes Zimmer haben.**
이히 뫼히테 안더레스 찜머 하벤

❸ **Wird das Frühstück im Zimmer serviert?**
뷔르트 다스 푸뤼-슈틱크 임 찜머 서비어트

❹ **Wo ist der Notausgang?**
보 이스트 데어 노트아우스강

❺ **Es kommt kein warmes Wasser.**
에스 콤트 카인 봐르매스 봐써

❻ **Die Spülung in der Toilette funktioniert nicht.**
디 슈필룽 인 데어 토알레테 풍치오니어트 니히트

❼ **Der Fernseher ist kaputt.**
데어 페른제어 이스트 카푸트

das Frühstück (푸뤼-슈틱크) : 조식

servieren (서비어렌) : 서비스

die Toilette (디 토알레테) : 화장실

앗! 단어장!

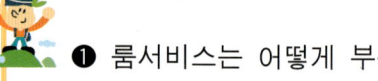

❶ 룸서비스는 어떻게 부릅니까?

❷ 룸서비스 부탁합니다.

❸ 방 번호를 가르쳐 주십시오.

❹ 여긴 305호실입니다.

❺ 7시 30분에 모닝콜 좀 부탁드릴게요.

❻ 주문한 아침식사가 아직도 오지 않았습니다.

❼ 시원한 음료수 한 잔 주세요.

❽ 얼음과 생수를 좀 가져다 주십시오.

❾ 커피 한잔 주세요.

5. 호텔의 이용!

❶ **Wie kann ich Zimmerservice bestellen?**
뷔 칸 이히 찜머서비스 뵈슈텔렌

❷ **Bitte, Zimmerservice.**
비테 찜머서비스

❸ **Sagen Sie mir Ihre Zimmernummer.**
자겐 지 미어 이어레 찜머눔머

❹ **Hier ist Zimmer 305.**
히어 이스트 찜머 드라이훈더트퓬프

❺ **Wecken Sie mich bitte um 7:30 Uhr!**
뷕켄 지 미히 비테 움 지벤 우어 드라이찌히

❻ **Bestelltes Frühstück ist noch nicht da.**
뵈슈텔테스 푸뤼-슈틱크 이스트 노흐 니히트 다

❼ **Geben Sie mir kaltes Getränk.**
게벤 지 미어 칼테스 게트랭크

❽ **Bringen Sie mir Eis und Mineralwasser.**
브링엔 지 미어 아이스 운트 미네랄봐써

❾ **Geben Sie mir eine Tasse Kaffee.**
게벤 지 미어 아이네 타쎄 카페

빠르게 찾고 쉽게 말하는 여행회화! 여러분의 여행을 보다 즐겁고 편안하게 만들어 드립니다!!

5 프론트의 이용!

❶ 방을 바꾸고 싶습니다.

❷ 이 방은 너무 시끄럽습니다.

❸ 귀중품을 맡아 주시겠습니까?

❹ 이 짐을 좀 보관해 주시겠습니까?

❺ 315호실에 숙박하고 있습니다.

❻ 맡긴 짐을 찾고 싶습니다.

❼ 제게 온 편지는 없습니까?

❽ 식당은 몇 시부터입니까?

❾ 하루 더 묵고 싶습니다.

5. 호텔의 이용!

❶ Ich möchte das Zimmer wechseln.
이히 뫼히테 다스 찜머 벡셀른

❷ Dieses Zimmer ist zu laut.
디제쓰 찜머 이스트 주 라우트

❸ Können Sie Wertsachen aufbewahren?
켄넨 지 뵈르트자헨 아우프베바렌

❹ Kann ich hier mein Gepäck zur Aufbewahrung lassen?
칸 이히 히어 마인 케펙크 쭈어 아우프베바룽 라센

❺ Ich übernachte im Zimmer 315.
이히 위버나하테 임 찜머 드라이훈더트퓬프첸

❻ Ich möchte mein Gepäck wieder abholen.
이히 뫼히테 마인 게펙 뷔-더 압흘렌

❼ Haben Sie den Brief für mich?
하벤 지 덴 브리프 퓨어 미히

❽ Wann öffnet das Restaurant?
반 외프넷트 다스 레스토랑

❾ Ich möchte einen Tag länger bleiben.
이히 뫼히테 아이넨 탁 랭어 블라이벤

빠르게 찾고 쉽게 말하는 여행회화! 여러분의 여행을 보다 즐겁고 편안하게 만들어 드립니다!!

❻ 호텔식당의 이용!

❶ 식당은 어디에 있습니까?

❷ 무엇을 주문하시겠습니까?

❸ 아침은 양식으로 주십시오.

❹ 계란 후라이와 베이컨을 주세요.

❺ 호텔 안에 한국식당이 있습니까?

❻ 물 좀 주시겠습니까?

❼ 카페인 없는 커피 있습니까?

❽ 계산서를 주시겠습니까?

❾ 이 요금을 숙박비에 포함시켜 주시겠습니까?

5. 호텔의 이용!

❶ Wo ist das Restaurant?
보오 이스트 다스 레스토랑

❷ Was bestellen Sie?
봐쓰 베슈텔렌 지

❸ Ich will abendländisches Frühstück.
이히 빌 아벤트랜디셰쓰 푸뤼-슈틱크

❹ Geben Sie mir das Spigelei und Speck.
게벤 지 미어 다스 슈피겔라이 운트 슈팩

❺ Gibt es koreanisches Restaurant im Hotel?
깁 에쓰 코리아니셰쓰 레스토랑 임 호텔

❻ Können Sie mir ein Mineralwasser geben?
켄넨 지 미어 아인 미네랄봐써 게벤

❼ Haben Sie Koffeinfrei?
하벤 지 코패인프라이

❽ Können Sie die Rechnung geben?
켄넨 지 디 레히눙 게벤

❾ Können Sie diese Rechnung mit der Hotelrechnung einschliessen?
켄넨 지 디제 레히눙 밋 데어 호텔 레히눙 아인슐리센

빠르게 찾고 쉽게 말하는 여행회화! 여러분의 여행을 보다 즐겁고 편안하게 만들어 드립니다!!

체크아웃!

❶ 내일 아침 일찍 체크아웃하겠습니다.

❷ 계산서를 부탁합니다.

❸ 제 짐을 로비까지 내려주세요.

❹ 지금 체크아웃 하겠습니다.

❺ 모두 얼마입니까?

❻ 527호의 김진수입니다.

❼ 여행자수표 받습니까?

❽ 제 짐은 내려왔습니까?

❾ 잘 지냈습니다.

5. 호텔의 이용!

❶ Ich will morgen früh abreisen.
이히 빌 모르겐 푸류 압라이젠

❷ Die Rechnung bitte.
디 레히눙 비테

❸ Bringen Sie bitte mein Gepäck bis zum Empfang.
브링엔 지 비테 마인 게펙 비쓰 줌 엠팡

❹ Ich möchte jetzt abreisen.
이히 뫼히테 옛츠트 압라이젠

❺ Was kostet das insgesammt?
봐쓰 코스텟 다스 인스게잠트

❻ Zimmer Nummer 527, Jin Soo KIM.
찜머 눔머 퓐프쯔바이지벤 진 수 김

❼ Darf ich mit Reiseschecks zahlen?
다르프 이히 밋트 라이제쉑크스 짜알렌

❽ Ist mein Gepäck schon unter angekommen?
이스트 마인 게펙 숀 운터 안게콤멘

❾ Der Aufenthalt bei Ihnen war sehr angenehmen.
데어 아우휀트할트 바이 이넨 바 제어 안게네맨

빠르게 찾고 쉽게 말하는 여행회화! 여러분의 여행을 보다 즐겁고 편안하게 만들어 드립니다!!

8 유스호스텔의 이용!

❶ 유스호스텔에 어떻게 갑니까?

❷ 3일간 머무르고 싶습니다.

❸ 취사를 할 수 있습니까?

❹ 오늘 밤 방을 줄 수 있습니까?

❺ 지금 곧 방에 들어갈 수 있습니까?

❻ 방값은 얼마입니까?

❼ 아침식사는 얼마입니까?

❽ 시트를 빌려 주십시오.

❾ 짐을 이곳에 놓아도 됩니까?

5. 호텔의 이용!

❶ Wie gehe ich zur Jugendherberge?
뷔 게헤 이히 주어 유겐트헤어베르게

❷ Ich will drei Nächte bleiben.
이히 빌 드라이 내히테 블라이벤

❸ Kann man da kochen?
칸 만 다 콕헨

❹ Können Sie mir ein Zimmer für diese Nacht geben?
켄넨 지 미어 아인 찜머 퓨어 디이제 나하트 게벤

❺ Kann ich gleich ins Zimmer?
칸 이히 글라이히 인스 찜머

❻ Wie teuer ist das Zimmer?
뷔이 토이어 이스트 다스 찜머

❼ Was kostet das Frühstück?
봐쓰 코스테트 다스 푸뤼- 슈틱크

❽ Leihen Sie mir das Betttuch.
라이헨 지 미어 다스 베트투흐

❾ Darf ich mein Gepäck hier hinlegen?
다르프 이히 마인 게펙 히어 힌레겐

빠르게 찾고 쉽게 말하는 여행회화! 여러분의 여행을 보다 즐겁고 편안하게 만들어 드립니다!!

호텔 관련 단어들!

● 호텔 관련 단어표현

호텔	das Hotel	다스 호텔
프론트 데스크	der Empfang	데어 엠팡
지배인	der Hoteldirektor	데어 호텔디렉토
손님	der Gast	데어 가스트
숙박카드	das Meldebuch	다스 멜데부흐
싱글룸	das Einzelzimmer	다스 아인젤 찜머
트윈룸	das Doppelzimmer	다스 도펠 찜머
냉난방기	die Klimaanlage	디 클리마안라게
명세서	die Rechnung	디 레히눙
영수증	die Quitung	디 크비퉁
귀중품	das Wertvolles	다스 베르트폴레쓰
메모판	das Zettelbrett	다스 채텔브렛트
조용한 방	das ruhige Zimmer	다스 루히게 찜머
전망 좋은 방	Zimmer mit herrlichen Aussicht	찜머 밋트 헤르릴헨 아우스지히트
욕실	das Badezimmer	다스 바데찜머

5. 호텔의 이용!

한국어	독일어	발음
욕조	die Badewanne	디 바데반네
샤워	die Dusche	디 두셰
목욕타월	das Duschtuch	다스 두셰투흐
수건	das Tuch	다스 투흐
화장실	die Toilette	디 토일레트
휴지	das Rollpapier	다스 롤파피어
비상구	der Notausgang	데어 노트아우스강
복도	der Korridor	데어 코리도어
1층	das Erdgeschoß	다스 에르트게쇼쓰
2층	der erste Stock	데어 에르스테 슈톡
엘리베이터	der Aufzug	데어 아우프죽
층계	die Treppe	디 트레페
로비	die Lobby	디 로비
행사장	der Veranstaltungsort	데어 페어안슈탈퉁스오르트
식당	das Restaurant	다스 레스토랑
커피숍	das Kaffeehaus	다스 카페하우스

빠르게 찾고 쉽게 말하는 여행회화! 여러분의 여행을 보다 즐겁고 편안하게 만들어 드립니다!!

잠깐! 숙소 정보!

✚ 유겐트헤르베르게 정보!

유겐트헤르베르게(Jugendherberge)는 저렴한 숙박비와 깨끗한 시설로 특히 유럽 여러 나라를 여행하는 사람에게는 더없이 훌륭한 숙소입니다. (유겐트헤르베르게에서는 팁이 없습니다.)
유겐트헤르베르게의 이용을 위한 주요 규칙으로는 ⓐ 유겐트헤르베르게 내에서는 금주, 금연! ⓑ 시간엄수! (도착은 20:30까지, 출발은 10:00까지, 또 질병이나 날씨가 나쁠 때를 제외하고 10:00~15:00 사이에는 유겐트헤르베르게 안에 체류할 수 없음) ⓒ 같은 유겐트헤르베르게에 3일 이상 숙박불가! 등이 있습니다.
유겐트헤르베르게의 소재지, 요금, 개장시간과 휴관일 등을 자세히 수록한 국제유스호스텔핸드북(**International Youth Hostel Handbook**)을 참고하십시오.
(핸드북은 유스호스텔연맹에서 구입하실 수 있습니다.)

✚ 호텔에서의 아침식사!

호텔의 아침식사는 보통 미국식과 유럽식의 두가지로 나눌 수 있습니다. **American breakfast**(어메리칸 브렉훠스트)는 토스트에 커피, 오렌지주스, 소세지나 햄 또는 베이컨 등을 주는 것이며, 유럽식 **Continental breakfast**(컨티넨틀 브렉훠스트)는 빵 한 조각과 커피 한 잔만을 제공하는 것을 말합니다. 따라서 아침에도 비교적 식사를 많이 하는 우리 한국사람들에게는 **American breakfast**로 하는 것이 더 나을 것입니다.

6. 식당과 요리!

❶ 독일의 음식점!

독일 요리라 하면 소시지와 감자, 그리고 그와 더불어 마시는 시원한 맥주가 대표적일 것입니다. 독일 음식은 이웃 프랑스 음식처럼 식도락가들의 화려한 예찬은 없지만, 누구나 즐길 수 있는 소박한 음식이라는 점에서 많은 여행객들에게 사랑을 받고 있습니다.

ⓐ **호텔의 식당** : 가장 무난한 방법 중에 하나라고 할 수 있습니다. 호텔에서 제공하는 조식이나 호텔 내의 식당가는 소위 글로벌한 음식 맛으로 우리가 평소 접하는 음식과 맛을 그대로 즐길 수 있습니다. 기본적으로 양식당, 일식당, 이태리 요리와, 프랑스 식당, 그리고 한국 요리점까지 생기고 있

주문과 식사법!

어 호텔 안에서의 식사는 크게 문제가 없습니다. 다만 문제는 음식값이 비싸다는 것과 별도의 봉사료가 포함된다는 것, 그리고 관광 등 일정이라는 것이 있기 때문에 매끼니를 호텔 식으로 할 수 없다는 점이 있겠습니다. 호텔 식당의 경우, 예약을 하거나 영업시간을 미리 체크해야 할 필요가 있습니다.

ⓑ **전문 식당** : 쇼핑가나 백화점 등지에 요리 전문점들이 있습니다. 양식을 비롯해, 일식, 중식, 한식 등 외국계 체인점들이 영업을 하고 있어서 우리에게도 익숙한 음식점들이 많이 있습니다. 일반 독일 음식점에 비해서는 비싸지만 별도의 서비스료를 내야하는 호텔식보다는 저렴하게 즐길 수 있습니다.

ⓒ **일반 음식점** : 그 지방 사람들이 자주 이용하는 가스트하우스(Gasthaus)나 가스트슈테테(Gaststätte)는 선술집 겸 식당으로서 소시지같은 간단한 요리부터 고기요리까지 다양하게 즐길 수 있습니다. 또, 노르트제(Nordsee)나 뫼벤피크(Mövenpick)같은 체인 레스토랑도 가격이 저렴하여 여행객들이 이용해 볼 만한 곳입니다.

ⓓ **길거리 음식** : 우리나라의 포장마차와 같은 것이 임비스(Imbiss)인데 주로 역앞이나 광장에서 소시지와 빵을 판매합니다.

6. 식당과 요리

❷ 독일의 대표적인 먹거리!

독일의 대표적인 먹거리인 소시지는 종류만도 1000여 종 이상이며 각 지방별로 맛이 다르고 특색이 있습니다.
독일 전 지역 어디에서나 먹을 수 있는 일반적인 소시지로는 길고 두꺼운 삶은 소시지인 보크부르스트(Bockwurst)와 쇠고기 소시지인 린트부르스트(Rindwurst), 그리고 케첩과 카레가루를 발라먹는 커리 부르스트(Curry Wurst)가 있습니다. 또한 특정 지역의 소시지로는 달콤한 겨자를 발라먹는 뮌헨의 바이스부르스트(Weisswurst)와 뉘른베르크의 뉘른베르거부르스트(Nürnbegerwurst) 등이 있습니다.

✚ 독일인에게 맥주만큼 사랑받는 포도주

포도주는 맥주보다 그 종류가 많은데, 라인강의 주류와 지류에 따라 11개의 원산지가 있으며, 크게는 라인와인, 모젤와인, 프랑켄와인, 바덴와인의 4가지로 구분이 됩니다. 포도주는 맛에 따라 쌉쌀한 맛(trocken), 약간 쌉쌀한 맛(halbtrocken), 단맛(süss)의 세가지로 나뉘며, 독일인이 즐겨 마시는 포도주는 백포도주로서 감칠맛이 있고 향기와 맛이 풍부해 대중적인 인기를 얻고 있습니다.

① 식당을 찾을 때!

❶ 그다지 비싸지 않은 음식점이 좋습니다.

❷ 근처에 유명한 레스토랑이 있습니까?

❸ 이 지방의 명물 요리는 무엇입니까?

❹ 나는 프랑스 요리를 먹고 싶습니다.

❺ 이 근처에 중국요리점은 어디입니까?

❻ 영어가 통하는 레스토랑이 좋습니다.

❼ 한국 음식점으로 갑시다.

❽ 메뉴를 보여 주십시오.

❾ 한국어 메뉴가 있습니까?

6. 식당과 요리

❶ Ein günstiges Restaurant wäre gut.
아인 균스티게쓰 레스토랑 베레 굿

❷ Gibt es in der Nähe ein berühmtes Restaurant?
깁 에쓰 인 데어 네에 아인 베륌테쓰 레스토랑

❸ Was ist die Spezialität dieser Gegend?
봐스 이스트 디 슈페지알리테트 디저 게겐트

❹ Ich möchte ein französisches Essen.
이히 뫼히테 아인 프란제지셰스 에쎈

❺ Wo ist in der Nähe ein chinesisches Restaurant?
보 이스트 인데어 네에 아인 히네지셰스 레스토랑

❻ Ich mag ein Restaurant, wo man auf Englisch bestellen kann.
이히 막 아인 레스토랑 보 만 아우프 엥글리쉬 베슈텔렌 칸

❼ Gehen Wir zum koreanischen Restaurant.
게헨 비어 줌 코리아니셴 레스토랑

❽ Zeigen Sie mir das Menü.
차이겐 지 미어 다스 메뉴

❾ Gibt es das koreanische Menü?
깁 에쓰 다스 코리아니셰 메뉴

빠르게 찾고 쉽게 말하는 여행회화! 여러분의 여행을 보다 즐겁고 편안하게 만들어 드립니다!!

❷ 식당의 예약!

❶ 예약이 필요합니까?

❷ 예, 성함을 말씀해 주세요.

❸ 제 이름은 이진수입니다.

❹ 몇 분이십니까?

❺ 모두 여섯 명입니다.

❻ 7시에 가겠습니다.

❼ 영업은 몇 시까지입니까?

vorher (포어헤어) : 앞서, 전에
der Name (데어 나메) : 이름
die Personen (디 페르조넨) : 사람들

6. 식당과 요리

❶ **Soll ich vorher reservieren?**
졸 이히 포어헤어 레저비이렌

❷ **Ja, wie ist Ihr Name?**
야 뷔 이스트 이어 나메

❸ **Mein Name ist Jin Soo LEE.**
마인 나메 이스트 진 수 리

❹ **Wieviele Personen?**
뷔필레 페르조넨

❺ **Wir sind sechs Personen.**
뷔어 진트 젝스 페르조넨

❻ **Wir gehen um 7 Uhr.**
뷔어 게엔 움 지벤 우어

❼ **Bis wann ist Ihre Betriebszeit?**
비쓰 반 이스트 이어레 베트립스짜이트

gehen (게엔) : 가다
bis wann (비쓰 반) : 언제까지
die Betriebszeit (디 베트립스짜이트)
                : 영업시간

앗! 단어장!

❸ 식당 미예약시!

❶ 안녕하십니까? 몇분이시죠?

❷ 세명입니다.

❸ 잠시 여기 기다려 주십시오.

❹ 기다리겠습니다.

❺ 얼마나 기다려야 합니까?

❻ 테이블이 마련되어 있습니다.

❼ 이쪽으로 오십시오.

warten (봐르텐) : 기다리다
der Moment (데어 모멘트) : 잠시, 순간
drei (드라이) : 3

6. 식당과 요리

❶ Guten Tag, Wieviele Personen sind Sie?
쿠텐 탁 뷔필레 페르조넨 진트 지

❷ Wir sind drei Personen.
뷔어 진트 드라이 페르조넨

❸ Bitte warten Sie hier kleinen Moment.
비테 봐르텐 지 히어 클라이넨 모멘트

❹ Wir warten hier.
뷔어 봐르텐 히어

❺ Wie lange sollen wir noch warten?
뷔 랑에 졸렌 비어 노흐 바르텐

❻ Ihr Tisch ist schon vorbereitet.
이어 티쉬 이스트 숀 포베라이테트

❼ Kommen Sie hierher!
콤멘 지 히어헤어

앗! 단어장!

hier (히어) : 여기
der Tisch (티쉬) : 탁자, 테이블
vorbereiten (포베라이텐) : 준비하다

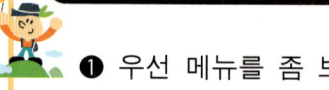

❶ 우선 메뉴를 좀 보겠습니다.

❷ 이것을 먹겠습니다.

❸ 여기에서 잘하는 음식을 소개해 주십시오.

❹ 오늘의 특별요리는 무엇입니까?

❺ 어떤 요리들이 있습니까?

❻ 저기 옆사람과 같은 것을 주십시오.

❼ 스테이크를 어떻게 익혀드릴까요?

❽ 반쯤 익혀주세요.

❾ 살짝 구워 주세요.

6. 식당과 요리

❶ Ich will erst das Menü sehen.
이히 빌 에르스트 다스 메뉴 제헨

❷ Ich möchte dieses haben.
이히 뫼히테 디제스 하-벤

❸ Empfehlen Sie mir ein gutes Essen.
엠프펠렌 지 미어 아인 구테쓰 에쎈

❹ Was ist die Tagesspezialität?
봐쓰 이스트 디 타게스슈페찌알리테트

❺ Was gibt es heute, zu essen?
봐쓰 깁 에스 호이테 주 에쎈

❻ Bitte geben Sir mir das gleiche, was mein Nachbar hat.
빗테 게벤 지 미어 다스 글라이헤 봐스 마인 나흐바르 하트

❼ Wie soll ich das Fleisch braten?
뷔 졸 이히 다스 플라이쉬 브라텐

❽ Braten Sie das Fleisch halb!
브라텐 지 다스 플라이쉬 할프

❾ Braten Sie das Fleisch einbißchen!
브라텐 지 다스 플라이쉬 아인뷔쎈

❺ 식사시의 표현!

❶ 주문한 요리가 아직 안나왔습니다.

❷ 이것은 내가 주문한 것이 아닙니다.

❸ 이 요리는 어떻게 먹는거죠?

❹ 스푼을 떨어뜨렸습니다.

❺ 소금 좀 가져다 주세요.

❻ 물 좀 주십시오.

❼ 빵을 조금 더 주세요.

das Essen (다스 에쎈) : 요리
noch nicht (노흐 니히트) : 아직
bestellen (베슈텔렌) : 주문하다

6. 식당과 요리

❶ Mein Essen kommt immer noch nicht.
마인 에쎈 콤트 임머 노흐 니히트

❷ Das habe ich nicht bestellt.
다스 하베 이히 니히트 베슈텔트

❸ Wie kann ich dieses essen?
뷔 칸 이히 디제스 에쎈

❹ Mein Löffel ist untergefallen.
마인 뢰펠 이스트 운터게팔렌

❺ Bringen Sie mir das Salz.
브링엔 지 미어 다스 잘쯔

❻ Ein Wasser bitte!
아인 봐써 빗테

❼ Noch etwas Brot bitte.
노흐 에트봐스 브롯트 빗테

der Löffel (데어 뢰펠) : 스푼
das Salz (다스 잘쯔) : 소금
das Wasser (다스 봐써) : 물

앗! 단어장!

⑥ 패스트푸드점

❶ 빅맥 햄버거와 콜라 한 병 주세요.

❷ 햄샌드위치 하나 주세요.

❸ 음료는 무엇으로 하시겠습니까?

❹ 콜라로 주세요.

❺ 아이스크림 하나 주세요.

❻ 커피로 하겠어요.

❼ 더 주문하실 것은 없으십니까?

❽ 여기서 드실건가요, 가지고 가실건가요?

❾ 여기서 먹을 거예요.

6. 식당과 요리

❶ Geben Sie mir ein Bic Mac und eine Cola bitte.
게벤 지 미어 아인 빅 맥 운트 아이네 콜라 비테

❷ Geben Sie mir ein Sandwich.
게벤 지 미어 아인 샌드위치

❸ Was wollen Sie zum Trinken?
봐쓰 볼렌 지 쭘 트링켄

❹ Eine Cola bite.
아이네 콜라 비테

❺ Ein Eis bitte.
아인 아이스 비테

❻ Ich will eine Tasse Kaffee.
이히 빌 아이네 타세 카페

❼ Wollen Sie noch etwas bestellen?
볼랜 지 노호 에트바스 베슈텔렌

❽ Wollen Sie hier essen oder mitbringen?
볼렌 지 히어 에쎈 오더 밋트브링엔

❾ Ich will hier essen.
이히 빌 히어 에쎈

빠르게 찾고 쉽게 말하는 여행회화! 여러분의 여행을 보다 즐겁고 편안하게 만들어 드립니다!!

7 식사비의 계산!

❶ 계산서 부탁합니다.

❷ 봉사료까지 포함되어 있습니까?

❸ 각자 냅시다.

❹ 내가 지불하겠습니다.

❺ 선불입니까?

❻ 제가 보기에 계산서가 잘못된 것 같습니다.

❼ 맛있었습니다.

die Rechnung (디 레히눙) : 계산서
der Trinkegeld (데어 트링크겔트) : 팁
mitrechnen (밋레히넨) : 합산하다

6. 식당과 요리

❶ Eine Rechnung, bitte.
아이네 레히눙 비테

❷ Ist der Trinkegeld mitgerechnet?
이스트 데어 트링크겔트 밋트게레히네트

❸ Zahlen wir getrennt?
짤렌 비어 게트랜트

❹ Ich bezahle das.
이히 베잘레 다스

❺ Soll man vorausbezahlen?
졸 만 포라우쓰베짤렌

❻ Die Rechnung ist irgendwas unkorrekt.
디 레히눙 이스트 이르겐트봐스 운코렉트

❼ Es hat gut geschmeckt.
에스 하트 굿 게슈메크트

zahlen (짤렌) : 지불하다
vorausbezahlen (포라우쓰베짤렌) : 선불
unkorrekt (운코렉트) : 틀리다

앗! 단어장!

8 주점의 이용!

❶ 무슨 술을 드시겠습니까?

❷ 포도주는 무엇이 있습니까?

❸ 칵테일 주세요.

❹ 순한 술도 있습니까?

❺ 이 지방의 특산주를 마시겠습니다.

❻ 맥주 주세요.

❼ 실례지만, 어떤 맥주가 있죠?

❽ 한잔 더 주세요.

❾ 선물하기에 좋은 술은 무엇입니까?

6. 식당과 요리

❶ Welchen Alkohl trinken Sie?
벨헨 알코올 트링겐 지

❷ Welche Weine haben Sie?
벨헤 바이네 하벤 지

❸ Geben Sie mir einen Cocktail.
게벤 지 미어 아이넨 콕테일

❹ Haben Sie auch Alkohlfreies?
하벤 지 아우흐 알콜프라이에쓰

❺ Ich trinke eine Spezialität dieser Gegend.
이히 트링케 아이네 슈페찌알리테트 디저 게겐트

❻ Geben Sie mir ein Bier.
게벤 지 미어 아인 비어

❼ Verzeihung, was für ein Bier haben Sie?
페어짜이웅 봐스 퓨어 아인 비어 하벤 지

❽ Noch ein Bier, bitte.
노흐 아인 비어 비테

❾ Welches ist gut zum Schenken?
벨헤스 이스트 굿 쭘 솅켄

식사 관련 단어들!

식당	das Restaurant	다스 레스토랑
식사	das Essen	다스 에쎈
주문	die Bestellung	디 베슈텔룽
메뉴	das Menü	다스 메뉴
아침식사	das Frühstück	다스 푸뤼-슈틱크
점심식사	das Mittagessen	다스 미탁에쎈
저녁식사	das Abendessen	다스 아벤트에쎈
양식	das abendländische Essen	다스 아벤트랜디셰 에쎈
중식	das chinesische Essen	다스 히네지셰 에쎈
일상 가정음식	das häusliche Essen	다스 호이쓰리헤 에쎈
요리의 전채	die Vorspeise	디 포어슈파이제
샐러드	der Salat	데어 살라드
수프	die Suppe	디 수페
밥	der gekochte Reis	데어 게코흑테 라이스
빵	das Brot	다스 브롯트
계산서	die Rechnung	디 레히눙
서비스요금	das Trinkgeld	다스 트링크겔트
웨이터	der Kellner	데어 켈르너
웨이트레스	die Kellnerin	디 켈르너린

6. 식당과 요리

나이프(칼)	das Messer	다스 메써
포크	die Gabel	디 가벨
수저	der Löffel	데어 뢰펠
냅킨	die Serviette	디 제르비테
이쑤시개	der Zahnstocher	데어 찬슈톡허
재떨이	der Aschenbecher	데어 아셴베셔
쇠고기	das Rindfleisch	다스 린트플라이쉬
돼지고기	das Schweinefleisch	다스 슈바이네플라이쉬
닭고기	das Hänchen	다스 헨셴
생선	der Fisch	데어 피쉬
양고기	das Lammfleisch	다스 람플라이쉬
해물요리	das Fischkochen	다스 피쉬콕헨
(아이스)커피	der (Eis-) Kaffee	데어 아이스카페
우유	die Milch	디 밀시
홍차	der schwarze Tee	데어 슈바르쩨 테

빠르게 찾고 쉽게 말하는 여행회화! 여러분의 여행을 보다 즐겁고 편안하게 만들어 드립니다!!

식사 관련 단어들!

코카콜라	Coca Cola	코카콜라
주스	der Saft	데어 자프트
아이스크림	das Eis	다스 아이스
사과	der Apfel	데어 앞펠
포도	die Traube	디 투라우베
오렌지	die Orange	디 오랑제

✚ 잠깐! 맥주 왕국, 독일!

맥주의 나라라 불릴 만큼 맥주의 생산과 소비가 많은 나라 독일. 그래서 독일인의 생활에서 맥주는 뗄래야 뗄 수 없는 관계입니다. 독일에서는 그 지방마다 각각 특색을 지닌 맥주를 생산하기 때문에 'Bier Reise'(맥주 기행)라고 해서 여행을 하면서 그 지역의 독특한 맥주의 맛을 즐기기도 합니다.
먼저 독일 최대의 맥주 생산지인 도르트문트의 대표적인 맥주는 '필스너 맥주'로서 그 감칠맛이 우리에게도 잘 맞습니다.

다음으로 소비량에서 1위를 차지하고 세계적인 비어홀이 많이 있는 뮌헨에는 '헬레스비어', '둥켈스', '바이첸비어' 등의 대표적인 맥주가 있으며, 10월에는 '옥토버페스트'라는 뮌헨 최대의 맥주 축제가 열립니다.
그 밖의 것으로 뒤셀도르프의 '알트비어', 쾰른의 '쾰슈비어', 베를린의 '베를리너바이세', 밤베르크의 '라우흐비어'도 유명합니다.

7. 쇼핑용 회화!

❶ 쇼핑 요령!

쇼핑은 미리 목록을 작성해서 하는 것이 좋습니다. 산지와 상점가의 위치도 미리 조사해 두도록 합니다. 구매물품에 대한 정보, 그러니까 도자기는 어느 지역, 어느 점포에서 사는 것이 좋고 싸다든지, 어디서 사야 진품을 구할 수 있는 지를 정보자료를 통해 미리 조사하도록 합니다.

빠르게 찾고 쉽게 말하는 여행회화! 여러분의 여행을 보다 즐겁고 편안하게 만들어 드립니다!!

쇼핑 노하우!!!

독일의 상품은 디자인은 물론 기능적인 면에서 아주 훌륭합니다. 가전제품의 경우 한번 구입하면, 10년은 거뜬히 사용할 수 있을 정도로 잘 만들어졌습니다. 요즘은 국내에서도 '지멘스'나 '휘슬러', '헹켈스' 등의 상품을 많이 볼 수 있는데 독일에서의 대표적인 쇼핑품목으로는 다음과 같은 것들이 있습니다.

❷ 대표적인 쇼핑품목

아에게(AEG)나 지멘스(Siemens)의 소형 가전제품들이 있으며, 우리에게는 '쌍둥이칼'로 유명한 'J.A. Henckels'의 칼도 선물용 세트로 많이 나와 있습니다. 그리고 주부들에게 가장 인기있는 품목인 '휘슬러 압력솥'도 독일에서 구입할 수 있습니다. (현지에서는 WMF가 유명)

가죽제품으로는 엠시엠(MCM), 아이그너(Etienne Aigner), 골드파일(Gold Pfeil)이 유명합니다.

다음으로 세계적으로 유명한 메이센(Meissen), 님펜부르크(Nymphenburg), 로젠탈(Rosenthal)등의 도자기 제품은 가격은 좀 비싸지만 품질의 우수성에서 좋은 선물이 될 수 있을 것입니다.

7. 쇼핑용 회화

❸ 시장에서의 쇼핑

독일에서도 구시가지를 중심으로 우리의 시골 장터를 연상케 하는 아침 시장이 열립니다.

독일의 시장에 가면 싱싱한 야채와 과일등의 먹거리들을 아주 저렴한 가격으로 구입할 수 있습니다. 또한 한 끼 식사로도 훌륭한 길거리 음식들이 많이 나와 있으니 끼니도 때우고 그들의 생활을 가까이서 접할 수도 있는 좋은 기회가 될 것입니다.

✚ 독일의 면세제도

독일에서 물건을 살 경우에, 상품 가격의 16%의 부가가치세가 붙는데, 외국인은 이것을 돌려 받을 수가 있습니다.
먼저, 상품 구입시에 여권을 제시하고 면세액이 기입된 용지를 받습니다. 그리고 출국시에 세관에 가서 상품과 이 용지를 제시해 스탬프를 받은 후 투어리스트 텍스프리 카운터로 가서 이것을 제시하면 현금으로 돌려 받을 수 있습니다.
그러나 여기에도 일정액의 수수료가 있으므로 상품가격이 200유로 이상일 경우에 한하여 이 제도를 사용하는 것이 좋습니다.

빠르게 찾고 쉽게 말하는 여행회화! 여러분의 여행을 보다 즐겁고 편안하게 만들어 드립니다!!

① 쇼핑하는 법!

❶ 이 도시의 상점가는 어디입니까?

❷ 그저 보는 것뿐입니다.

❸ 이것과 같은 것이 있습니까?

❹ 옷을 입어 봐도 될까요?

❺ 신발을 신어 봐도 될까요?

❻ 이것은 남성(여성)용입니까?

❼ 좀 더 싼 것이 있습니까?

❽ 좀 더 큰 것은 없습니까?

7. 쇼핑용 회화

❶ Wo ist in dieser Stadt der Einkaufsbezirk?
보 이스트 인 디이저 슈타트 데어 아인카우프스베치르크

❷ Ich möchte mir nur die Sachen einmal ansehen.
이히 뫼히테 미어 누어 디 자헨 아인말 안제-엔

❸ Haben Sie das gleiche wie dieses?
하벤 지이 다스 글라이혜 뷔이 디이제스

❹ Darf ich einmal anziehen?
다르프 이히 아인말 안지헨

❺ Darf ich die Schuhe anprobieren?
다르프 이히 디 슈헤 안프로비이렌

❻ Ist das für Männer (Frauen)?
이스트 다스 퓨어 매너 (프라우엔)

❼ Zeigen Sie mir bitte etwas Billigeres!
차이겐 지 미어 비테 에트바스 빌리거레스

❽ Zeigen Sie mir bitte etwas Größeres!
차이겐 지 미어 비테 에트바스 그레써레스

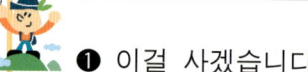

② 물건값을 낼 때!

❶ 이걸 사겠습니다.

❷ 전부 합해서 얼마입니까?

❸ 제게는 너무 비쌉니다.

❹ 싸게 할 수 없습니까?

❺ 여기는 정찰제입니다.

❻ 계산이 틀리지 않나요?

❼ 현금으로 지불할게요.

nehmen (네멘) : 갖다, 취하다
Wieviel (뷔필) : 얼마나 많은
kosten (코스텐) : 얼마이다, 가격이다

앗! 단어장!

7. 쇼핑용 회화

❶ Ich nehme diesen.
이히 네메 디이젠

❷ Wieviel kostet das zusammen?
뷔필 코스테트 다스 쭈잠멘

❸ Das ist zu teuer.
다스 이스트 쭈 토이어

❹ Können Sie es nicht billiger verkaufen?
켄넨 지 에스 니히트 빌리-거 페어카우펜

❺ Es wird hier mit Feste Preis bedient.
에스 비르트 히어 밋트 페스테 프라이스 베딘트

❻ Ist das nicht ein Versehen in der Rechnung?
이스트 다스 니히트 아인 페어제-엔 인 데어 레히눙

❼ Ich bezahle mit Bargeld.
이히 베찰레 밋트 바겔트

teuer (토이어) : 비싼
billig (빌리히) : 싼
Feste Preis (페스테 프라이스) : 정찰제

앗! 단어장!

❸ 백화점 쇼핑!

❶ 실례합니다.

❷ 화장품은 어디에 있습니까?

❸ (그것)은 어디에서 살 수 있습니까?

❹ 넥타이 하나를 사고 싶습니다.

❺ 이 두 개의 차이점이 뭔가요?

❻ 이것 두 개의 가격은 얼마입니까?

❼ 이 제품 노랑색으로 있습니까?

❽ 탈의실은 어디입니까?

❾ 다른 것을 보여주십시오.

7. 쇼핑용 회화

❶ Verzeihung!
페어자이웅

❷ Wo ist die Kosmetik?
보 이스트 디 코스메틱

❸ Wo kann ich das kaufen?
보 칸 이히 다스 카우펜

❹ Ich möchte eine Krawatte kaufen.
이히 뫼히테 아이네 크라봐때 카우펜

❺ Was ist der Unterschied zwischen beiden?
봐쓰 이스트 데어 운터쉬트 쯔비셴 바이덴

❻ Was kosten diese zwei Stücke?
봐쓰 코스텐 디제 쯔바이 슈틱케

❼ Haben Sie dies in gelb?
하벤 지 디스 인 겔프

❽ Wo ist der Umkleideraum?
보 이스트 데어 움클라이더라움

❾ Bitte zeigen Sie mir etwas anderes.
빗테 짜이겐 지 미어 에트바스 안더레스

빠르게 찾고 쉽게 말하는 여행회화! 여러분의 여행을 보다 즐겁고 편안하게 만들어 드립니다!!

④ 면세점 쇼핑!

❶ 면세점이 있습니까?

❷ 브랜디를 사고 싶습니다.

❸ 블라우스 하나를 보여 주십시오.

❹ 여권을 보여 주십시오.

❺ 어떤 상표를 원하십니까?

❻ 이것으로 주세요.

❼ 여행자 수표로 지불해도 됩니까?

zollfrei (쫄푸라이) : 면세의
der Laden (데어 라덴) : 상점
kaufen (카우펜) : 사다

7. 쇼핑용 회화

❶ Gibt es einen zollfreien Laden?
깁트 에스 아이넨 쫄푸라이엔 라덴

❷ Ich möchte mir Brandy kaufen.
이히 뫼히테 미어 브랜디 카우펜

❸ Bitte zeigen Sie mir die Bluse.
빗테 짜이겐 지 미어 디 블루제

❹ Zeigen Sie mir Ihren Pass.
차이겐 지 미어 이어렌 파쓰

❺ Welche Marke wollen Sie?
벨헤 마르케 볼렌 지

❻ Geben Sie mir dieses!
게벤 지 미어 디제스

❼ Kann ich mit Reisechecks zahlen?
칸 이히 밋트 라이제쉑스 짜알렌

zeigen (차이겐) : 보여주다
die Bluse (디 블루제) : 블라우스
die Marke (디 마르케) : 상표

앗! 단어장!

❺ 기념품점 쇼핑!

❶ 기념품점은 어디에 있습니까?

❷ 무엇을 찾으십니까?

❸ 부모님께 드릴 선물을 원합니다.

❹ 이 도시의 특산품은 무엇입니까?

❺ 진열대에 있는 것을 보여 주세요.

❻ 포장을 해줍니까?

❼ 한국으로 부쳐주실 수 있습니까?

das Souvenir (다스 수베니어) : 기념품점
das Geschenk (다스 게셍크) : 선물
die Eltern (디 엘터른) : 부모, 양친

7. 쇼핑용 회화

❶ Wo ist das Souvenir?
보 이스트 다스 수베니어

❷ Was suchen Sie?
봐쓰 죽헨 지

❸ Ich will Geschenk für meine Eltern.
이히 빌 게솅크 퓨어 마이네 엘터른

❹ Für welche Produkte ist diese Stadt berühmt?
퓨어 벨헤 프로둑테 이스트 디이제 슈타트 베륌트

❺ Zeigen Sie mir die Ware im Schaufenster!
차이겐 지 미어 디 바레 임 샤우펜스터

❻ Können Sie dies einpacken?
켄넨 지 디스 아인파켄

❼ Können Sie dies nach Korea senden?
켄넨 지 디스 나하 코리아 젠덴

das Produkt (다스 프로둑트) : 상품
die Stadt (디 슈타트) : 도시
einpacken (아인파켄) : 포장하다

❻ 슈퍼마켓 쇼핑!

❶ 실례합니다. 커피를 사려고 합니다.

❷ 채소 파는 곳은 어디입니까?

❸ 우유는 어디에 있습니까?

❹ 그 물건은 품절입니다.

❺ (쇼핑)백에 넣어주십시오.

❻ 종이 백을 드릴까요, 비닐 백을 드릴까요?

❼ 잔돈이 틀립니다.

앗! 단어장!

das Gemüse (다스 게뮤제) : 채소
die Milch (디 밀쉬) : 우유
ausverkaufen (아우스페어카우펜) : 품절되다

7. 쇼핑용 회화

❶ Verzeihung, ich will Kaffee kaufen.
페어자이웅 이히 빌 카페 카우펜

❷ Wo wird das Gemüse verkauft?
보 뷔르트 다스 게뮤제 훼어카우프트

❸ Wo ist die Milch?
보 이스트 디 밀쉬

❹ Das ist schon ausverkauft.
다스 이스트 숀 아우스페어카우프트

❺ Nehmen Sie das in die Tüte ein.
네멘 지 다스 인 디 튜테 아인

❻ Darf ich Ihnen Papiertüte oder Kunststofftüte geben?
다르프 이히 이넨 파피어튜테 오더 쿤스트스토프튜테 게벤

❼ Das Restgeld ist unkorrekt.
다스 레스트겔트 이스트 운코렉트

die Tüte (디 튜테) : 쇼핑백
die Papiertüte (디 파피어튜테) : 종이백
das Restgeld (다스 레스트겔트) : 잔돈

앗! 단어장!

쇼핑 관련 단어들!

➡ 쇼핑 관련 단어표현

| 영업중 | Im Betrieb | 임 베트립 |

폐점   der Ladenschluss
데어 라덴슐르쓰

백화점   das Kaufhaus
다스 카우프하우스

세일   das Sonderangebot
다스 존더안게보트

가격표   das Preisticket
다스 프라이스티켓

견본   das Muster   다스 무스터
교환   der Umtausch   데어 움타우쉬
설명서   die Anweisung   디 안바이중
선물   das Geschenk   다스 게솅크
포장하다   einpacken   아인파켄

여행자수표   der Reisescheck
데어 라이제세크

기념품점   das Souvenir   다스 수베니어

8. 우편, 전화, 은행!

❶ 우체국!

독일 우체국의 우편업무 시간은 월~금요일 09:00~18:00, 토요일 09:00~12:00이며 지점에 따라서는 24시간 영업하는 곳도 있습니다. 우표는 우체국과 Kiosk, 자동판매기에서 구입할 수 있으며 한국으로 보내는 엽서의 경우 가격은 1.5 Euro입니다.

소포의 경우는 우체국에 가서 보내게 되는데 운송방법에 따라 세 종류가 있습니다. 가장 빠른 EMS와 항공편, 그리고 선편이 있으며 가격은 모두 무게에 따라 다르지만 EMS가 제일 비싸고 선편이 가장 쌉니다.

빠르게 찾고 쉽게 말하는 여행회화! 여러분의 여행을 보다 즐겁고 편안하게 만들어 드립니다!!ㅣ다!!

우편|국제전화|은행

편지나 소포를 보낼 때 받는 사람의 주소는 한글로 써도 되지만 국가명만은 우측 제일 하단에 **Süd KOREA**라고 써주어야 합니다.

❷ 국제전화!

독일의 공중전화는 우리처럼 카드와 동전 사용의 두 종류가 있으며, 사용이 가능한 최저 요금은 10 Cent입니다. 전화 카드는 우체국에서 구입할 수 있으며 6, 12 Euro의 두 종류가 있습니다. 일반적으로 호텔에서의 국제전화는 수수료가 붙으므로 공중전화를 이용하는 편이 훨씬 저렴합니다.

ⓐ 공중전화로 통화하는 방법 :

공중전화로 국제전화를 걸 경우는 동전이나 카드를 먼저 넣은 후 (서울 929-2882로 전화를 건다고 할 때) **00-82-2-929-2882**를 누르면 됩니다. 이 때 00은 국제식별코드(**international access code**)이며, 82는 한국의 코드번호(**country code**), 2는 서울의 지역번호, 그리고 전화번호 929-2882가 됩니다. 외국에서 한국으로 전화할 때는 지역번호 앞의 0은 빼고 전화합니다. 받는 쪽에서 요금을 부담하는 수신자 부담 통화의 경우라도 일단, 동전이나 카드를 넣어야 통화가 가능하며, 요금은 통화 후에 반환이 됩니다.

ⓑ 통신사별 국제전화카드를 사용해서 전화하는 방법 :

다음의 통신사별 교환, 카드접속번호를 누른 후 안내방송에 따라서 전화를 걸면 됩니다.

8. 우편, 전화, 은행!

```
한국통신   080-0080-0082
데이콤     0800-080-0820
온세통신   0800-33-70700
```

✚ 국제전화 후불카드

여행을 떠나기 전에 각 통신사에서 제공하는 국제전화 후불카드를 만들면 현지에서 현금없이도 한국으로 전화를 걸 수 있습니다. 국제전화 후불카드란 본인이 지정하는 전화번호로 카드를 발급받아서 외국에서 사용한 후에 요금은 지정한 전화번호 청구서로 부과되는 제도로서 요금이 저렴하고 한국어 안내방송에 따라서 걸면 되므로 편리하다는 장점이 있습니다. 통신사별 국제전화후불카드 신청번호는 다음과 같습니다.

```
한국통신   080-2580-161
데이콤     082-100
온세통신   083-100
```

❸ 은행의 이용!

여행객은 주로 환전이나 송금을 받기 위해 은행을 이용하게 되는데, 은행의 이용 가능한 시간은 월~금요일 08:30~13:00, 14:30~16:00(목요일은 ~17:30)입니다.
환전은 은행외에 공항이나 기차역, 호텔에서도 가능하지만 은행에서 하는 것이 가장 유리합니다. 공항이나 기차역 환전소의 영업시간은 06:00~22:00이고 호텔은 24시간 영업을 하지만 환전 수수료가 비싸므로 되도록이면 은행을 이용하도록 합니다.

① 우편물 보내기!

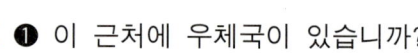

❶ 이 근처에 우체국이 있습니까?

❷ 우체통은 어디 있습니까?

❸ 편지를 한국에 항공편으로 보내려 합니다.

❹ 이 엽서를 한국으로 보내고 싶습니다.

❺ 한국에 도착하는데 몇 일 걸립니까?

❻ 얼마짜리 우표를 붙입니까?

❼ 얼마입니까?

❽ 이 편지를 등기로 부쳐 주십시오.

❾ 이 전보를 쳐주십시오.

8. 우편, 전화, 은행!

❶ Ist das Postamt hier in der Nähe ?
이스트 다스 포스트암트 히어 인 데어 네에

❷ Wo ist der Briefkasten?
보 이스트 데어 브리프카스텐

❸ Ich will diesen Brief mit Luftpost nach Korea senden.
이히 빌 디젠 브리프 밋트 루프트포스트 나하 코리아 젠덴

❹ Ich will diese Ansichtskarte nach Korea senden.
이히 빌 디제 안지히쓰카르테 나하 코리아 젠덴

❺ Wie lange dauert es von hier bis nach Korea?
뷔 랑에 다우에르트 에스 폰 히어 비스 나흐 코레아

❻ Welche Briefmarke soll ich freimachen?
벨헤 브리프마르케 졸 이히 프라이마켄

❼ Was kostet das?
바스 코스테트 다스

❽ Bitte, schicken Sie diesen Brief mit Einschrieben.
빗테 쉬켄 지 디이젠 브리이프 미트 아인슈리이벤

❾ Bitte, senden Sie dieses Telegramm.
빗테 젠덴 지 디제스 텔레그람

❷ 소포 보내기!

❶ 이 소포를 보내고 싶습니다.

❷ 소포용 상자가 있습니까?

❸ 소포용으로 포장해 주세요.

❹ 이 소포를 선편으로 부치려 합니다.

❺ 소포 12개를 서울로 보내고 싶습니다.

❻ 소포를 보험에 드시겠습니까?

❼ 소포에 '취급주의'라고 표시해 주십시오.

das Paket (다스 파켓) : 소포
der Karton (데어 카톤) : 상자
senden (젠텐) : 보내다

8. 우편, 전화, 은행!

❶ Ich will das Paket senden.
이히 빌 다스 파켓트 젠덴

❷ Haben Sie den Karton für Paket?
하벤 지 덴 카톤 퓨어 파켓

❸ Packen Sie bitte dies Päckchen ein.
파켄 지 비테 디스 팩션 아인

❹ Ich will dies Päckchen mit dem Schiff senden.
이히 빌 디스 팩션 밋 뎀 쉬프 젠덴

❺ Ich will 12 Päckchen nach Seoul senden.
이히 빌 쯔벨프 팩션 나하 서울 젠덴

❻ Wollen Sie für Packet versichern?
볼렌 지 푸어 파켓 페어지혀른

❼ Schreiben Sie bitte auf dem Packet "Achtung".
슈라이벤 지 비테 아우프 뎀 파켓 악퉁

versichern (페어지혀른) : 보험에 들다
schreiben (슈라이벤) : 기입하다
Achtung (악퉁) : 취급주의

앗! 단어장!

❸ 공중전화 걸기!

❶ 공중전화는 어디에 있습니까?

❷ 이 전화로 국제전화를 걸 수 있습니까?

❸ 이 전화를 어떻게 겁니까?

❹ 한국의 국가번호를 가르쳐주시겠습니까?

❺ 이 번호로 전화거는 방법을 가르쳐주세요.

❻ 긴급입니다.

❼ 거기 541-9978번이 아닌가요?

8. 우편, 전화, 은행!

❶ Wo ist die Telefonzelle?
보 이스트 디 텔레폰젤레

❷ Darf ich mit diesem Telefon fernsprechen?
다르프 이히 미트 디젬 텔레폰 페른슈프렉헨

❸ Wie kann ich telefonieren?
뷔 칸 이히 텔레폰니이렌

❹ Was ist die Vorwahlnummer für Korea?
봐스 이스트 디 포어발눔머 퓨어 코리아

❺ Bitte, sagen Sie mir, wie ich diese Nummer anrufen kann.
빗테 자겐 지 미어 뷔이 이히 디제 눔머 안루펜 칸

❻ Dieser Anruf ist dringend (ein Notruf).
디이저 안루프 이스트 디링엔트 (아인 노트루프)

❼ Ist da die Nummer fünf vier eins- neun neun sieben acht?
이스트 다 디 눔머 퓐프 피어 아인스 노인 노인 지벤 악트

빠르게 찾고 쉽게 말하는 여행회화! 여러분의 여행을 보다 즐겁고 편안하게 만들어 드립니다!!

❹ 전화대화 표현!

❶ 여보세요. 거기가 123-4567입니까?

❷ 전화거신 분은 누구십니까?

❸ 저는 디터 베롤라이트라고 합니다.

❹ 내선 351번 부탁합니다.

❺ 게하르트씨를 바꿔 주세요.

❻ 미안합니다. 잘못 걸었습니다.

❼ 그는 지금 외출중입니다.

❽ 언제쯤 돌아옵니까?

❾ 안네에게 전화가 왔었다고 전해 주십시오.

8. 우편, 전화, 은행!

❶ Hallo, ist da eins zwei drei- vier fünf sechs sieben?
할로우 이스트 다 아인스 쯔바이 드라이 퓌어 퓐프 젝스 지벤

❷ Mit wem spreche ich?
밋 벰 슈프레헤 이히

❸ Hier spricht Dieter Beloleit.
히어 슈프리히트 디터 베롤라이트

❹ Verbinden Sie mich mit drei fünf eins.
페어빈덴 지 미히 미트 드라이 퓐프 아인스

❺ Ich möchte mit Herrn Gerhard sprechen.
이히 뫼히테 밋 헤른 게어하르트 슈프레헨

❻ Entschuldigung, ich habe verwählt.
엔트슐디궁 이히 하베 페어뵐트

❼ Er ist im Moment nicht da.
에어 이스트 임 모멘드 니히트 다

❽ Wann kommt er zurück?
반 콤트 에어 쥬릭

❾ Sagen Sie ihm bitte, dass Anne angerufen hat.
자아겐 지이 임 빗테 다스 안네 안게루펜 핫

❺ 국제전화 걸기!

❶ 무엇을 도와드릴까요?

❷ 한국으로 전화를 하고 싶습니다.

❸ 잠깐만 기다리세요.

❹ 지금 연결해 드리겠습니다.

❺ 한국의 서울로 직접 전화할 수 있습니까?

❻ 지금 한국으로 전화를 걸고 싶습니다.

❼ 수신자부담으로 해주세요.

❽ 요금은 여기서 지불하겠습니다.

❾ 전화번호는 82-2-513-7612입니다.

8. 우편, 전화, 은행!

❶ Was darf es sein?
봐쓰 다르프 에스 자인

❷ Ich möchte nach Korea telefonieren.
이히 뫼히테 나하 코레아 텔레포니이렌

❸ Einen Augenblick, bitte.
아이넨 아우겐블릭 비테

❹ Ich verbinde Sie.
이히 페어빈데 지

❺ Kann ich direkt nach Seoul anrufen?
칸 이히 디렉트 나하 서울 안루펜

❻ Ich möchte nach Korea jetzt telefonieren.
이히 뫼히테 나하 코리아 예츠트 텔레폰이이렌

❼ Bitte, machen Sie dieses Gespräch mit R-Gespräch.
빗테 마헨 지 디제스 게슈프레흐 밋트 에르 게슈프레흐

❽ Dieses Gespräch bezahle ich.
디제스 게슈프레흐 베짤레 이히

❾ Meine Zielnummer ist 82-2-513-7612.
마이네 질눔머 이스트 악트 쯔바이 쯔바이 퓐프
아인스 드라이 지벤 젝스 아인스 쯔바이

빠르게 찾고 쉽게 말하는 여행회화! 여러분의 여행을 보다 즐겁고 편안하게 만들어 드립니다!!

❻ 호텔에서의 전화!

❶ 여보세요, 프론트죠?

❷ 한국으로 장거리전화를 부탁합니다.

❸ 콜렉트콜로 서울의 이은숙 양을 부탁합니다.

❹ 전화번호는 서울의 919-2828번 입니다.

❺ 선생님의 성함과 룸넘버를 말씀해 주세요.

❻ 저의 이름은 김민수이며, 303호실입니다.

❼ 끊지말고 잠시 기다려 주세요.

❽ 상대방이 나왔습니다. 말씀하세요.

8. 우편, 전화, 은행!

❶ Hallo, Empfang?
할로 엠팡

❷ Ich wollte ein Ferngespräch für Korea.
이히 볼테 아인 페른게슈프레헤 퓨어 코레아

❸ Verbinden Sie mich mit Eun Sook Lee in Seoul durch Collect Call.
페어빈덴 지 미히 밋트 은숙이 인 서울 두루히 콜렉트 콜

❹ Die Telefonnummer ist 919-2828 in Seoul.
디 텔로폰눔머 이스트 노인 아인스 노인
- 쯔바이 악트 쯔바이 악트 인 서울

❺ Sagen Sie Ihren Name und Ihre Zimmernummer.
자겐 지 이어렌 나메 운트 이어레 찜머눔머

❻ Mein Name ist Min Soo KIM, Zimmer Nr. ist 303.
마인 나메 이스트 민수 김 찜머 눔머 이스트 드라이눌드라이

❼ Bitte, legen Sie nicht auf! Warten Sie!
비테 레겐 지 니히트 아우프 바르텐 지

❽ Es ist verbunden. Sprechen Sie bitte.
에쓰 이스트 페어분덴 슈프렉헨 지 비테

우편|전화 관련 단어!

● 우편 관련 단어표현

우체국	das Postamt	다스 포스트암트
엽서	die Ansichtskarte	디 안지히쓰카르테
편지지	das Briefpapier	다스 브리프파피어
봉투	der Umschlag	데어 움슐락
발신인	der Absender	데어 압젠더
수신인	der Empfänger	데어 엠펭어
주소	die Adresse	디 아드레쎄
우체통	der Briefkasten	데어 브리프카스텐
항공봉함 편지	der Umschlag für Luftpost	데어 움슐락 퓨어 루프트포스트
등기우편	das Einschreiben	다스 아인슈라이벤
속달	die Eilpost	디 아일포스트
우표	die Briefmarke	디 브리이프마르케
선편	die Post mit dem Schiff	디 포스트 밋 뎀 쉬프
항공우편	die Luftpost	디 루프트포스트
소포	das Päckchen	다스 팩션
취급주의	die Achtung	디 악퉁

● 전화 관련 단어표현

| 공중전화 | die öffentliche Telefonzelle | 디 외펜트리헤 텔레폰챌레 |

8. 우편, 전화, 은행!

전화박스	die Telefonzelle	디 텔레폰첼레
수화기	der Hörer	데어 헤러
전화번호	die Telefonnummer	디 텔레폰눔머
다이얼 판	das Tastenfeld mit Ziffern	다스 타스텐펠트 밋트 치퍼른
구내전화선	die Nebenleitung	디 네벤라이퉁
휴대전화	die Handy	디 핸디
긴급전화	der Notruf	데어 노트루프
시내통화	das Ortsgespräch	다스 오르쓰게슈프레헤
장거리통화	das Ferngespräch	다스 패른게슈프레헤
국제전화	das internationale Ferngespräch	다스 인터나치오날레 페른게슈프레헤
교환	der Nebenanschluß	데어 네벤안슐르쓰
국가번호	die Vorwahlnummer für Staaten	디 포어발눔머 퓨어 슈타텐
지역번호	die Vorwahlnummer	디 포어발눔머
콜렉트콜	das R-Gespräch	다스 에르 게슈프레헤
보통통화	das gewöhnliche Gespräch	다스 게벤리회 게슈프레헤
지명통화	das Person-zu-Person-Gespräch	다스 페르존 주 페르존 게슈프레헤

빠르게 찾고 쉽게 말하는 여행회화! 여러분의 여행을 보다 즐겁고 편안하게 만들어 드립니다!!

❼ 은행의 이용!

❶ 여행자수표를 현금으로 바꾸고 싶습니다.

❷ 1000유로를 바꿔 주십시오.

❸ 여권 좀 보여주시겠습니까?

❹ 네, 여기 여행자 수표도 있습니다.

❺ 수표마다 서명해주시겠어요?

❻ 달러로 바꿔 주십시오.

❼ 잔돈도 섞어 주십시오.

앗! 단어장!

einlösen (아인뢰-젠) : 환전하다
wechseln (벡셀른) : 바꾸다
der Pass (데어 파쓰) : 여권

8. 우편, 전화, 은행!

❶ Ich möchte diesen Reisescheck einlösen.
이히 뫼히테 디이젠 라이젠쉐크 아인뢰-젠

❷ Bitte, wechseln Sie mir 1000 Euro.
비테 벡셀른 지 미어 타우젠트 오이로

❸ Zeigen Sie mir Ihren Pass!
차이겐 지 미어 이어렌 파쓰

❹ Ja, hier ist mein Reisescheck.
야 히어 이스트 마인 라이제세크

❺ Können Sie auf der Rückseite alles unterschreiben?
켄넨 지 아우프 데어 륙자이테 알레스 운터슈라이벤

❻ Bitte, wechseln Sie dies in Dollar!
빗테 벨셀른 지이 디스 인 돌라

❼ Bitte, geben Sie mir auch etwas Kleingeld!
빗테 게벤 지이 미어 아우흐 에트바스 클라인겔트

앗! 단어장!

die Rückseite (디 륙자이테) : 뒷면
unterschreiben (운터슈라이벤) : 서명하다
das Kleingeld (다스 클라인겔트) : 잔돈

⑧ 잔돈 바꾸기!

❶ 잔돈 좀 섞어 주세요.

❷ 달러를 유로화로 좀 바꾸려고 합니다.

❸ 얼마 바꾸시길 원하세요?

❹ 500불입니다.

❺ 잔돈으로 바꿀 수 있을까요?

❻ 어떻게 바꿔드릴까요?

❼ 1000유로 짜리 9장, 100유로 짜리 10개로 주세요.

❽ 모두 동전으로 바꾸어 주세요.

❾ 5000유로를 달러로 교환해 주세요.

8. 우편, 전화, 은행!

❶ Bitte, geben Sie mir auch etwas Kleingeld.
비테 게벤 지 미어 아우흐 에트바스 클라인겔트

❷ Ich will Dollar in Euro wechseln.
이히 빌 돌라 인 오이로 벡셀른

❸ Wieviel wollen Sie wechseln?
뷔필 볼렌 지 벡셀른

❹ Fünf hundert Dollar.
퓐프 훈더트 돌라

❺ Kann ich dies mit Kleingeld wechseln?
칸 이히 디스 밋트 클라인겔트 벡셀른

❻ Wie kann ich das wechseln?
뷔 칸 이히 다스 벡셀른

❼ Wechseln Sie mir dies 1,000 Euro 9, 100 Euro 10.
벡셀른 지 미어 디스 타우젠트 오이로 노인 훈더트 오이로 첸

❽ Wechseln Sie mir das in Münze.
벡셀른 지 미어 다스 인 뮨째

❾ Wechseln Sie mir 5,000 Euro in Dollar.
벡셀른 지 미어 퓐프 타우젠트 오이로 인 돌라

은행 관련 단어들!

● 은행 관련 단어표현

환전소	**die autorisierte Geld-wechselstube**	
	디 아우토리지르테 겔트벡셀수투베	
환전율	**der Wechselkurs**	
	데어 벡셀쿠르스	
잔돈	**das Kleingeld**	
	다스 클라인겔트	
지폐	**die Banknote**	디 방크노테
동전	**die Münze**	디 뮨쩨
여행자수표	**der Reisescheck**	
	데어 라이제셰크	
서명	**die Unterschrift**	
	디 운터슈리프트	
바꾸다	**wechseln**	벡셀른
달러	**der Dollar**	데어 돌라
유로	**der Euro**	데어 오이로

9. 교통수단!

독일에는 벤츠(Benz), 포르쉐(Porsche), BMW, AUDI, 폴크스바겐(Volkswagen) 같은 세계적인 자동차 회사들이 있고 유명한 고속 철도 ICE가 있습니다. 가장 안전한 독일의 교통수단에 대해 알아 보겠습니다.

❶ 철도의 이용!

독일의 고속철도 ICE는 정확한 운행시간과 잘 만들어진 컴퓨터 시스템으로 유럽에서도 유명합니다. 승차권은 500km 이하의 구간은 자동판매기에서 그 이상은 역 창구에서 구입할 수 있는데, 독일 국철을 무제한으로 이용할 수 있는

교통수단의 이용!

저먼 레일 패스는 1개월 이내에 4~10일까지 선택적으로 구입할 수 있으며 성인 2명이 함께 트윈 패스를 구입하면 25% 할인이 됩니다.
기차의 좌석은 가운데 통로가 있고 좌우로 좌석이 배치된 코치(Coach)와, 차량의 한쪽에 한 사람이 지나갈 만한 긴 통로가 나 있고 통로를 따라 6~8명이 마주 보고 앉아 있을 수 있는 크기의 캐빈이 이어져 있는 컴파트먼트(Compartment)의 두 종류가 있습니다.

❷ 버스의 이용!

대표적인 버스 노선은 유럽버스(Europabus)로서 로만티크 가도를 따라 운행합니다. 독일의 버스는 친절함은 기본이고, 대도시간의 시외버스는 물론 작은 도시의 시내버스도 정류장에 표시된 시간표대로 한치의 오차도 없이 정확하게 운행이 됩니다. 운행시간표를 참고하세요!

❸ 택시의 이용!

역 광장에 있는 택시 승강장에 택시들이 있으므로 그곳에 가서 이용하며, 그렇지 않을 경우에는 콜택시를 이용합니다. 기본 요금은 함부르크 2.60 Euro, 프랑크푸르트 2.20 Euro 정도입니다.

9. 교통수단

❹ 렌터카의 이용!

여행을 떠나기 전에 미리 국제운전면허증을 발급받았고 운전에 자신이 있는 사람이라면 렌터카를 이용하여 독일의 유명한 고속도로인 아우토반(Autobahn)을 달려 보는 것도 좋은 추억이 될 것입니다.

먼저 예약은, 국내에서 미리 하는 것이 편리하기는 하지만 언어소통에 문제가 없다면 현지에서 직접 차종을 보고 빌리는 것도 괜찮습니다. 차를 렌트할 때에는 여권과 국제운전면허증, 국내운전면허증, 그리고 신분 증명으로 크레디트카드가 필요합니다.

독일 전역을 연결하고 있는 아우토반(Autobahn)은 통행료가 없으며 우리가 익히 알고 있는 바와는 달리 곳곳에 속도 제한이 있으므로 주의하여야합니다. 파란색 바탕에 흰색 글자로 쓰여진 것이 아우토반(Autobahn) 표지판입니다.

차가 많은 독일 역시 불법 주차에 대한 단속이 심하므로 시내 곳곳에 있는 주차장을 이용하도록 합니다. 주차장에는 주차 가능한 숫자를 나타내 주는 전광판이 있으므로 잘 보고 이용하도록 하며 노상 주차의 경우에는 동전을 넣으면 시간이 표시되는 파킹 미터를 이용합니다.

✚ 주유소 상식!

주유소는 우리와는 달리 손님이 직접 주유하는 셀프 서비스로서 먼저, 필요한 만큼 주유를 한 후에 카운터에 가서 계산을 하면 됩니다. 종류로는 Super, Normal, Diesel, 무연(Bleifrei)이 있습니다.

빠르게 찾고 쉽게 말하는 여행회화! 여러분의 여행을 보다 즐겁고 편안하게 만들어 드립니다!!

① 철도의 이용! 1.

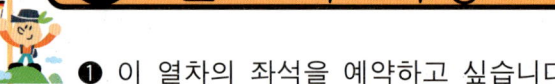

❶ 이 열차의 좌석을 예약하고 싶습니다.

❷ 좌석을 예약해야 합니까?

❸ 급행이 있습니까?

❹ 이 표를 취소해도 될까요?

❺ 베를린까지 가는 이등 편도표 1장 주세요.

❻ 함부루크로 가는 기차는 어느 역에서 떠납니까?

❼ 이 열차가 브레멘으로 가는 것입니까?

❽ 몇 번 플랫폼에서 떠납니까?

❾ 어디에서 갈아탑니까?

9. 교통수단

❶ Ich möchte einen Platz für diesen Zug reservieren.
이히 뫼히테 아이넨 플랏즈 퓨어 디젠 죽 레저비이렌

❷ Soll ich für den Platz reservieren?
졸 이히 퓨어 덴 플랏즈 레저비이렌

❸ Gibt es einen Schnellzug?
깁트 에스 아이넨 슈넬쭉

❹ Kann ich diese Fahrkarte zurückgeben?
칸 이히 디이제 파아카르테 쭈뤽게벤

❺ Eine Fahrkarte zweiter Klasse, einfach nach Berlin.
아이네 파아카르테 쯔바이터 클라쎄 아인파하 나흐 베를린

❻ Von welchem Bahnhof fährt der Zug nach Hamburg ab?
폰 벨헴 반호프 페르트 데어 쭉 나하 함부르크 압

❼ Ist dieser Zug nach Bremen?
이스트 디이저 쭉 나하 브레멘

❽ Von welchem Bahnsteig fährt der Zug ab?
폰 벨헴 바안슈타이크 페르트 데어 쭉 압

❾ Wo muss ich umsteigen?
보 무쓰 이히 움슈타이겐

빠르게 찾고 쉽게 말하는 여행회화! 여러분의 여행을 보다 즐겁고 편안하게 만들어 드립니다!!

② 철도의 이용! 2.

❿ 이 열차는 마인즈까지 직행합니까?

⓫ 이 자리 손님이 앉고 있습니까?

⓬ 여기는 제 자리입니다.

⓭ 지금 어디를 지나고 있습니까?

⓮ 다음 역은 어디입니까?

⓯ 이 열차는 카셀에서 정차합니까?

⓰ 여기에 얼마간 정차합니까?

der Zug (데어 쭉) : 기차
der Platz (데어 플라쯔) : 좌석
der Sitz (데어 짓쯔) : 자리

앗! 단어장!

9. 교통수단

❿ Fährt dieser Zug direkt nach Mainz?
페르트 디저 쭉 디렉트 나흐 마인즈

⓫ Ist dieser Platz besetzt?
이스트 디이저 플라쯔 베젯쯔트

⓬ Ich nehme an, das ist mein Sitz.
이히 네에메 안 다스 이스트 마인 짓쯔

⓭ Wo sind wir jetzt?
보- 진트 뷔어 예츠트

⓮ Wie heißt der nächste Bahnhof?
뷔이 하이쓰트 데어 네흐스테 바안홉

⓯ Hält dieser Zug in Kassel?
헬트 디이저 쭉 인 카셀

⓰ Wie lange hält der Zug hier?
뷔 랑에 헬트 데어 쭉 히어

der Bahnhof (데어 바안홉) : 역

halten (할텐) : 머물다

hier (히어) : 여기

앗! 단어장!

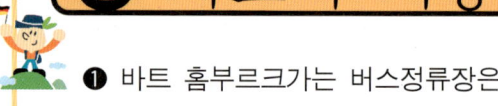

❸ 버스의 이용! 1.

❶ 바트 홈부르크가는 버스정류장은 어디입니까?

❷ 이 버스는 비스바덴까지 갑니까?

❸ 시립공원 가는 버스입니까?

❹ 기센까지 얼마입니까?

❺ 버스 안에서 차표를 살 수 있습니까?

❻ 베를린대학교까지 표 두 장 주세요.

❼ 동물원행 버스는 언제 출발합니까?

der Bus (데어 부스) : 버스
fahren (파렌) : (차를 타고) 가다
halten (할텐) : 머물다

앗! 단어장!

9. 교통수단

❶ Wo hält der Bus nach Bad Homburg?
보-헬트 데어 부스 나하 바트 홈부루크

❷ Fährt dieser Bus nach Wiesbaden?
페르트 디이저 부스 나하 비스바덴

❸ Fährt dieser Bus nach Städtischen Park?
페르트 디저 부스 나하 슈테티셴 팍

❹ Wieviel kostet es nach Gießen?
비필 코스텟 에스 나하 기센

❺ Kann man im Bus eine Buskarte kaufen?
칸 만 임 부스 아이네 부스카르테 카우펜

❻ Geben Sie mir zwei Fahrkarten nach Berlin Universität.
게벤 지 미어 쯔바이 파카르텐 나하 베를린 우니베어지테트

❼ Wann fährt der Bus zum Zoo ab?
반 페르트 데어 부스 줌 조 압

der Park (팍) : 공원
die Buskarte (부스카르테) : 버스카드
die Universität (디 우니베어지테트) : 대학

앗! 단어장!

빠르게 찾고 쉽게 말하는 여행회화! 여러분의 여행을 보다 즐겁고 편안하게 만들어 드립니다!!

④ 버스의 이용! 2.

❽ 이 버스 브란덴부르그에 갑니까?

❾ 다음 버스는 몇 시에 옵니까?

❿ 몇 시간 걸립니까?

⓫ 어디에서 갈아타야 합니까?

⓬ 다음 정거장에서 내립니다.

⓭ 여기가 제가 내려야할 곳인가요?

⓮ 여기서 내려 주십시오.

⓯ 다음 정거장에서 내리겠습니다.

⓰ 그곳에 도착하면, 저에게 좀 알려주세요.

9. 교통수단

❽ **Fährt dieser Bus nach Brandenburg?**
페르트 디저 부스 나하 부란덴부르크

❾ **Wann kommt der nächste Bus?**
반 콤트 데어 네히스테 부스

❿ **Wie lange fährt dieser Bus?**
뷔 랑에 페르트 디저 부스

⓫ **Wo muss ich umsteigen?**
보 무쓰 이히 움슈타이겐

⓬ **Ich steige an der nächsten Haltestelle aus.**
이히 슈타이게 안 데어 네흐스텐 할테슈텔레 아우스

⓭ **Soll ich hier aussteigen?**
졸 이히 히어 아우스슈타이겐

⓮ **Lassen Sie mich bitte hier aussteigen.**
라쎈 지 미히 비테 히어 아우스슈타이겐

⓯ **Ich will an der nächsten Haltestelle aussteigen.**
이히 빌 안 데어 네흐스텐 할테슈텔레 아우스슈타이겐

⓰ **Wenn es angekommen ist, sagen Sie mir Bescheid.**
벤 에스 안게콤멘 이스트 자겐 지 미어 베샤이트

❺ 선박의 이용!

❶ 함부루크 가는 배를 타는 곳은 어디입니까?

❷ 1등선실을 예약하고 싶습니다.

❸ 함부르크까지 가는 배는 어디서 탑니까?

❹ 승선시간은 몇 시 입니까?

❺ 언제 떠납니까?

❻ 몇 시간 걸립니까?

❼ 뱃멀미가 좀 납니다.

앗! 단어장!

die Landungsstelle (디 란둥스슈텔레) : 선착장
das Schiff (다스 쉬프) : 배, 선박
einsteigen (아인슈타이겐) : 승선, 승차하다

9. 교통수단

❶ Wo ist die Landungsstelle des Schiffes nach Hamburg?
보 이스트 디 란둥스슈텔레 데스 쉬페스 나하 함부르크

❷ Ich will eine Kabine erster Klasse reservieren.
이히 빌 아이네 카비네 에르스터 클라쎄 레저비이렌

❸ Wo kann ich das Schiff nach Hamburg einsteigen?
보 칸 이히 다스 쉬프 나하 함부르크 아인슈타이겐

❹ Wann gehen wir an Bord?
봔 게엔 뷔어 안 보르트

❺ Wann fährt das Schiff ab?
봔 페르트 다스 쉬프 압

❻ Wie lange fährt das Schiff?
뷔 랑에 페르트 다스 쉬프

❼ Ich bin seekrank.
이히 빈 제크랑크

an Bord (안 보르트) : 승선
abfahren (압화렌) : 출발하다
seekrank (제크랑크) : 뱃멀미가 나는

앗! 단어장!

6 지하철의 이용!

❶ 이 근처에 지하철역이 있습니까?

❷ 가장 가까운 지하철역은 어디입니까?

❸ 어디에서 표를 삽니까?

❹ 지하철 노선표 한 장 주십시오.

❺ 박물원은 지하철로 어떻게 갑니까?

❻ 시립도서관은 어디에서 갈아탑니까?

❼ 지하철 표 한 장 주십시오.

❽ 공원은 어디에서 내립니까?

❾ 시청에 가려면 몇 번 출구로 나가야 합니까?

9. 교통수단

❶ Wo ist die U-Bahnstation in der Nähe?
보 이스트 디 우반슈타치온 인 데어 네에

❷ Wo ist die nächste U-Bahnstation?
보 이스트 디 네흐스테 우바안슈타치온

❸ Wo kann man die Fahrkarte kaufen?
보 칸 만 디 파카르테 카우펜

❹ Geben Sie mir ein Liniennetz.
게벤 지 미어 아인 리니엔네츠

❺ Wie kann ich mit U-Bahn zum Zoo fahren?
뷔 칸 이히 미트 우반 줌 조 파렌

❻ Wo kann ich zur Stadt Bibliothek umsteigen?
보 칸 이히 주어 슈타트 비블리오텍 움슈타이겐

❼ Geben Sie eine U-Bahn Fahrkarte.
게밴 지 아이네 우반 파아카르테

❽ Wo kann ich zum Park aussteigen?
보 칸 이히 줌 팍 아우스슈타이겐

❾ In welchem Ausgang soll ich zum Rathaus auskommen?
인 벨헴 아우스강 졸 이히 줌 라트하우스 아우스콤멘

7 택시의 이용!

❶ 택시 승차장은 어디입니까?

❷ (메모를 보이면서) 이 주소로 가 주십시오.

❸ 방송국으로 가주세요.

❹ 동물원까지 요금이 얼마정도 나옵니까?

❺ 거기까지 가는 데 얼마나 걸립니까?

❻ 빨리 좀 가 주세요. 좀 늦었는데요.

❼ 오른쪽으로 돌아주세요.

❽ 여기서 세워주세요.

❾ 요금은 얼마입니까?

9. 교통수단

❶ Wo ist die Taxihaltestelle?
보 이스트 디 탁시할테슈텔레

❷ Fahren Sie bitte zu dieser Adresse!
파아렌 지 비테 주 디저 아드레쎄

❸ Fahren Sie bitte zur Rundfunkstation!
파아렌 지 비테 주어 룬트풍크슈타치온

❹ Wieviel kostet es zum Zoo?
뷔필 코스텟 에스 줌 조

❺ Wie lange dauert es bis dahin?
뷔 랑에 다우엇 에스 비스 다힌

❻ Fahren Sie bitte schneller. Ich bin schon spät.
파렌 지 비테 슈넬러 이히 빈 숀 슈펫

❼ Biegen Sie bitte nach Rechts ab.
비겐 지 비테 나하 레히쓰 압

❽ Halten Sie bitte hier an.
할텐 지 비테 히어 안

❾ Was kostet das?
바스 코스텟 다스

빠르게 찾고 쉽게 말하는 여행회화! 여러분의 여행을 보다 즐겁고 편안하게 만들어 드립니다!!

⑧ 렌터카의 이용!

❶ 렌터카는 어디에서 빌립니까?

❷ 차를 빌리고 싶습니다.

❸ 어떤 차종이 있습니까?

❹ 이 차를 하루 쓰고 싶습니다.

❺ 요금표를 보여 주십시오.

❻ 하루에 얼마입니까?

❼ 보험에 들고 싶습니다.

❽ 보증금은 얼마입니까?

❾ 사고가 나면 어디에 연락합니까?

9. 교통수단

❶ Wo ist die Autovermietung?
보 이스트 디 아우토페어미퉁

❷ Ich möchte ein Auto mieten.
이히 뫼히테 아인 아우토 미이텐

❸ Welche Autos gibt es?
벨헤 아우토스 깁 에스

❹ Ich möchte dieses Auto für einen Tag mieten.
이히 뫼히테 디제스 아우토 퓨어 아이넨 탁 미텐

❺ Zeigen Sie mir die Tariftabelle.
차이겐 지 미어 디 타리프타벨레

❻ Wieviel kostet pro Tag?
뷔필 코스텟 프로 탁

❼ Ich möchte das versichern.
이히 뫼히테 다스 페어지혀른

❽ Wieviel ist die Kaution?
뷔필 이스트 디 카우치온

❾ Wo soll ich mich für den Unfall melden?
보 졸 이히 미히 퓨어 덴 운팔 멜덴

빠르게 찾고 쉽게 말하는 여행회화! 여러분의 여행을 보다 즐겁고 편안하게 만들어 드립니다!!

교통수단 관련 단어!

● 철도여행 관련 단어표현

기차역	**die Bahnstation** 디 반슈타치온
열차	**der Zug** 데어 쭉
매표소	**der Fahrkartenschalter**
	데어 파아카르텐쌀터
시간표	**der Fahrplan** 데어 파아플란
1등석	**Erste Klasse** 에르스테 클라쎄
2등석	**Zweite Klasse** 쯔바이테 클라쎄
좌석	**der Platz** 데어 플랏쯔
보통열차	**der Nahverkehrzug**
	데어 나아페어케어죽
급행열차	**der Schnellzug** 데어 슈넬쭉
일반열차	**der D-zug** 데어 데쭉
개찰구	**die Sperre** 디 슈페레
편도기차표	**die Hinfahrt** 디 힌파르트
왕복기차표	**die Hin- und Zurückfahrkarte**
	디 힌 운트 쥬릭파아카르테

● 버스여행 관련 단어표현

시외버스터미널	**der Busterminal** 데어 부스터미날
버스정류장	**die Bushaltestelle** 디 부스할테슈텔레

9. 교통수단

시내버스	der Linienbus	데어 리니엔부스
관광버스	der Reisebus	데어 라이제부스
장거리버스	der langstrecke Bus	데어 라슈트렉헤 부스
정차	der Halt	데어 할트

➲ 선박여행 관련 단어표현

항구	der Hafen	데어 하펜
여객선	das Passagierschiff	다스 파싸지어쉬프
부두	der Hafendamm	데어 하펜담
정박하다	verankern	페어앙커른
정박지	der Ankerplatz	데어 앙커플랏츠
선실	die Kabine	디 카비네
의무실	die Klinik	디 클리닉
승선권	der Schiffsfahrschein	데어 쉬프스파아샤인
구명부낭	der Rettungsring	데어 레퉁스링
구명동의	die Schwimmweste	디 슈빔베스테
구명보트	das Rettungsboot	다스 레퉁스부트

빠르게 찾고 쉽게 말하는 여행회화! 여러분의 여행을 보다 즐겁고 편안하게 만들어 드립니다!!

교통수단 관련 단어!

➲ 지하철 관련 단어표현

매표구	**der Fahrkarten Schalter**
	데어 파아카르텐 샬터
입구	**der Eingang** 데어 아인강
출구	**der Ausgang** 데어 아우스강
갈아타는 곳	**der Durchgang für Umsteiger**
	데어 두르히강 퓨어 움슈타이거
개찰구	**die Bahnsteigsperre**
	디 반슈타이크슈페레

➲ 택시 관련 단어표현

택시승차장	**die Taxihaltestelle**
	디 탁시할테슈텔레
택시	**das Taxi** 다스 탁시
택시기사	**der Taxifahrer** 데어 탁시파러
택시요금	**der Taxitarif** 데어 탁시타리프
미터계	**der Zähler** 데어 젤러
거스름돈	**das Restgeld** 다스 레스트겔트
화물요금	**das Frachtgebühr**
	다스 프라학트게뷰어

9. 교통수단

● 렌터카 관련 단어표현

보증금	die Kaution	디 카우치온
임대료	die Miete	디 미테
계약서	der Vertrag	데어 페어트락
주유소	die Tankstelle	디 탕크슈텔레
가솔린	das Benzin	다스 밴진
가득 채우다	volltanken	폴탕켄
교통지도	die Straßenkarte	디 슈트라쎈카르테
고속도로	die Autobahn	디 아우토반
주차장	der Parkplatz	데어 팍크플랏즈
일방통행	die Einfahrt	디 아인파르트
추월금지	Überholen Verboten	위버홀렌 페어보텐
통행금지	Durchfahren Verboten	두루히파렌 페어보텐
주차금지	Parken Verboten	파켄 페어보텐
공사	die Bauarbeit	디 바우아르바이트
서행	Langsam Fahren	랑잠 파아렌
안전벨트	der Sicherheitsgürtel	데어 지어하이츠규르텔

빠르게 찾고 쉽게 말하는 여행회화! 여러분의 여행을 보다 즐겁고 편안하게 만들어 드립니다!!

교통수단 관련 단어!

한국어	독일어	발음
십자교차로	die Kreuzung	디 크로이중
T형교차로	die T-Kreuzung	디 테크로이중
자동차사고보험	die Autounfallversicherung	디 아우토운팔페어지혀룽
운전면허증	der Führerschein	데어 퓨러샤인
국제면허증	der Internationale Führerschein	데어 인터나치오날레 퓨러샤인

✚ 잠깐, 독일의 교통 규칙 정보!

교차로를 돌 때 사거리에서는 우리나라에서처럼 안쪽으로 회전하며, 표지판이나 신호등이 없는 교차로에서는 자기차의 오른쪽에 있는 차에 우선권이 있습니다.

추월은 반드시 왼쪽으로만 하는데 앞 차가 1차선으로 가고 있을 때에는 왼쪽 방향등을 깜박거려서 추월 의사를 나타내면 앞차가 오른쪽으로 비켜줍니다.

10. 관광하기!

❶ 독일 관광 정보!

독일을 방문하기에 가장 좋은 시기는 5월~10월 사이로서 그중에서도 5월은 독일 관광의 최적기라고 합니다. 독일은 계절에 따라 일조 시간의 변동이 심해서 한 여름에는 서머타임 실시로 밤 9시가 되도록 해가 지지않아 관광을 할 수 있으나, 겨울에는 오후 4시만 되어도 어두워지므로 독일을 방문할 시기에 맞추어 시간 계획을 세워야 하겠습니다.

빠르게 찾고 쉽게 말하는 여행회화! 여러분의 여행을 보다 즐겁고 편안하게 만들어 드립니다!!

관광 정보 및 상식!

독일을 관광하는 방법에는 여러가지가 있는데, 우선 우리가 익히 알고있는 베토벤이나 괴테, 브레히트 등의 예술가와 철학자들을 많이 배출한 나라인만큼 그들의 생가나 기념관 등이 있는 곳을 찾아가는 것도 좋은 방법이 될 수 있을 것입니다. 또한 고성들이 아직도 잘 보존되어 있으므로 고성을 따라 순례해 보면서 역사를 느껴보는 것도 좋은 한 방법입니다.

이밖에 독일을 관광하는데에는 여러가지 방법들이 있겠지만 독일 관광국에서 기획한 관광법은 비슷한 테마를 가진 도시들을 묶어서 관광할 수 있게 한 방법으로, 추천할만 한 곳으로 로만티크 가도, 고성 가도, 메르헨 가도, 괴테 가도, 에리카 가도, 판타스틱 가도 등이 있습니다. 이들 가도들은 독특한 개성과 문화를 간직하고 있으므로 자기가 마음에 드는 가도를 따라 관광해 보는 것도 좋겠습니다.

❷ 독일 관광 명소!

● **괴테하우스**(Goethehaus)

독일을 대표하는 대문호 괴테의 생가로서 프랑크푸르트에 있습니다. 제 2차 대전 때에 파괴되었으나 시민들의 노력으로 복구되었습니다. 괴테가 태어난 방과 작품을 집필했던 방이 루이 16세풍으로 아름답게 꾸며져 있으며 괴테하우스의 북쪽에는 괴테박물관이 있어서 그의 초상화와 생애에 대한 자료들이 전시되어 있습니다.

● **베토벤하우스**(Beethovenhaus)

위대한 음악가 베토벤이 태어난 곳으로서 본의 관광 명소입니다. 그곳에는 베토벤의 대리석 흉상과 그가 사용했던 오르간과 보청기, 자필 악보 등의 유품이 전시되어 있습니다.

10. 관광하기!

● **쾰른 대성당**(Köiner Dom)

고딕 양식으로 건축된 독일 최대의 카톨릭 사원으로 높이는 157m, 건물의 안 길이는144m, 폭은 86m입니다. 1248년에 착공해서 1880년에 완성됐는데, 외관도 훌륭하지만 내부의 제단화와 스테인드 글라스 등 불거리가 많습니다. 그 중에서도 으뜸인 것은 '세 왕의 성관'으로서 중세 황금 세공의 최고 걸작으로 꼽히는 보물입니다.

● **브란덴부르크 문**(Brandenburger Tor)

도리아식 기둥이 나열된 고전주의 양식의 건조물로 18세기에 만들어졌습니다. 독일 분단 이후에 접근이 금지되었다가 통독 이후 자유롭게 통행할 수 있게 된 이 문은 베를린의 대표적인 상징물입니다.

✚ 베를린 공연 예술 정보!

베를린은 음악의 본고장답게 유명한 콘서트들이 많이 열립니다. 세계적인 오케스트라인 베를린 필하모니도 이곳에 있으니 기회가 된다면 꼭 감상해 보시길 바랍니다.
그밖의 유명한 공연장으로는 250년의 역사를 자랑하는 독일 국립 오페라 극장(Deutsche Staatsoper)과 베를린 오페라 극장(Deutsche Oper Berlin), 샤우슈필하우스(Schauspielhaus) 등이 있습니다.

빠르게 찾고 쉽게 말하는 여행회화! 여러분의 여행을 보다 즐겁고 편안하게 만들어 드립니다!!

① 관광의 시작!

❶ 관광안내소는 어디 있습니까?

❷ 여행안내서를 주십시오.

❸ 시내지도 있습니까?

❹ 저는 시청을 보고 싶습니다.

❺ 저는 하이델베르그에 가보고 싶습니다.

❻ 버스는 어디에서 출발합니까?

❼ 표는 어디에서 삽니까?

❽ 야간 관광이 있습니까?

❾ 쇼나 연극을 볼 수 있는 코스가 있습니까?

10. 관광하기!

❶ Wo ist die Reiseinformation?
보 이스트 디 라이제인포마치온

❷ Geben Sie mir eine Information.
게밴 지 미어 아이네 인포마치온

❸ Haben Sie einen Stadtplan?
하벤 지 아이넨 슈타트플란

❹ Ich möchte das Rathaus sehen.
이히 뫼히테 다스 라트하우스 제엔

❺ Ich möchte nach Heidelberg gehen.
이히 뫼히테 나하 하이델베르그 게헨

❻ Wo fährt der Bus ab?
보 페르트 데어 부스 앞

❼ Wo kann man die Fahrkarte kaufen?
보 칸 만 디 화르카르테 카우휀

❽ Gibt es die Nachttour?
깊 에스 디 나하트투어

❾ Gibt es einen Kurs für Show oder Theater?
깊 에스 아이넨 쿠르스 퓨어 쇼 오더 테아터

빠르게 찾고 쉽게 말하는 여행회화! 여러분의 여행을 보다 즐겁고 편안하게 만들어 드립니다!!

❷ 길 물어보기! 1.

❶ 미안합니다만, 뤼벡 가는 길을 가르쳐주세요.

❷ 여기가 어디입니까?

❸ 이 거리를 뭐라고 부릅니까?

❹ 어느 쪽이 북쪽입니까?

❺ 지도상으로 제가 어디에 있는 건가요?

❻ 지하철역에는 어떻게 가야 하나요?

❼ 한국대사관이 어디 있는지 아십니까?

❽ 그곳까지 걸어갈 수 있나요?

❾ 화장실은 어디입니까?

10. 관광하기!

❶ Bitte, zeigen Sie mir den Weg nach Lübeck.
빗테 짜이겐 지 미어 덴 벡 나하 뤼벡

❷ Wo sind wir jetzt?
보 진트 비어 예츠트

❸ Wie hießt diese Straße?
뷔이 하이쓰트 디제 슈트라쎄

❹ Wo ist die Nordseite?
보 이스트 디 노르트자이테

❺ Wo bin ich auf der Landkarte?
보 빈 이히 아우프 데어 란트카르테

❻ Wie kann ich zur Bahnstation?
뷔 칸 이히 주어 반슈타치온

❼ Wissen Sie, wo die koreanische Botschaft ist?
뷔센 지 보 디 코리아뉘셰 보츠샤프트 이스트

❽ Kann ich bis dahin zu Fuss gehen?
칸 이히 비스 다힌 주 푸스 게헨

❾ Wo ist die Toilette?
보 이스트 디 토일렛테

빠르게 찾고 쉽게 말하는 여행회화! 여러분의 여행을 보다 즐겁고 편안하게 만들어 드립니다!!

❸ 길 물어보기! 2.

❿ 플라자호텔은 여기서 멉니까?

⓫ 얼마나 걸릴까요?

⓬ 저것은 무슨 건물입니까?

⓭ 어떻게 가야 합니까?

⓮ 저는 이곳이 초행입니다.

⓯ 여기에 약도를 그려 주시겠습니까?

⓰ 똑바로 가면 됩니까?

⓱ 현재 위치를 가르쳐 주십시오.

⓲ 감사합니다. 그쪽으로 가보겠습니다.

10. 관광하기!

❿ Ist das Hotel Plaza weit von hier?
이스트 다스 호텔 플라자 바이트 폰 히어

⓫ Wie lange dauert es?
뷔이 랑에 다우어르트 에스

⓬ Was für ein Gebäude ist das?
바스 퓨어 아인 게보이데 이스트 다스

⓭ Wie kann ich da erreichen?
뷔 칸 이히 다 에어라이헨

⓮ Ich bin hier zum ersten Mal.
이히 빈 히어 쭘 에르스텐 말

⓯ Können Sie mir den Weg aufzeichnen?
켄넨 지- 미어 덴 벡 아우프짜이히넨

⓰ Muss ich geradeaus gehen?
무쓰 이히 게라아데아우스 게엔

⓱ Bitte zeigen Sie mir auf dieser Karte, wo ich jetzt bin.
비테 짜이겐 지 미어 아우프 디이저 카르테 보-이히 예츠트 빈

⓲ Danke schön. Ich gehe dahin.
당케 쉔 이히 게헤 다힌

빠르게 찾고 쉽게 말하는 여행회화! 여러분의 여행을 보다 즐겁고 편안하게 만들어 드립니다!!

④ 기념사진 찍기!

❶ 사진 좀 찍어주세요.

❷ 셔터 좀 눌러 주시겠어요?

❸ 됐습니다. 찍으세요.

❹ 그럼 찍습니다.

❺ 당신 사진을 찍어도 됩니까?

❻ 여기서 사진을 찍어도 됩니까?

❼ 나와 함께 사진을 찍어 주시겠어요?

knipsen (크닢센) : 셔터를 누르다
drücken (드뤼켄) : 누르다
bereit (베라이트) : 준비가 된

10. 관광하기!

❶ Können Sie für mich einmal knipsen?
켄넨 지 푸어 미히 아인말 크닢센

❷ Würden Sie bitte für mich den Auslöserknopf drücken?
뷔르덴 지 비테 퓨어 미히 덴 아우스뢰져크놉프 드뤽켄

❸ Schon bereit. Knipsen Sie bitte.
숀 베라이트 크닢센 지 비테

❹ Ich knipse.
이히 크닢세

❺ Darf ich eine Aufnahme von Ihnen machen?
다르프 이히 아이네 아우프나메 폰 이-넨 마헨

❻ Darf ich hier fotografieren?
다르후 이히 히어 포토그라휘어렌

❼ Würden Sie sich mit mir fotografieren lassen?
뷔르덴 지 지히 밑 미어 포토그라휘어렌 라쎈

---

die Aufnahme (디 아우프나메) : 촬영
fotografieren (포토그라휘어렌) : 촬영하다

앗! 단어장!

관광 관련 단어!

➡ 사진 관련 단어표현

현상하다	entwickeln	엔트비켈른
컬러필름	der Farbefilm	데어 파르베필름
슬라이드 필름	der Diafilm	데어 디아필름
건전지	die Batterie	디 바테리어
사진촬영 금지	Fotogrfieren Verboten	
	포토그라피렌 페어보텐	
프래쉬 금지	Blitz Verboten	블릿츠 페어보텐
흑백필름	der Schwarzweiss Film	
	데어 슈바르쯔바이스 필름	

➡ 관광 관련 단어표현

관광	die Reise	디 라이제
명승지	der schöner Ort	데어 쉐너 오르트
미술관	das Kunstmuseum	
	다스 쿤스트무제움	
박물관	das Museum	다스 무제움
화랑	die Galerie	디 갈레리어
전람회	die Ausstellung	디 아우스슈텔룽
동물원	der Zoo	데어 조
식물원	der botanische Garten	
	데어 보타니셰 가르텐	

10. 관광하기!

성	das Schloß	다스 슐로쓰
궁전	der Palast	데어 팔라스트
교외	der Vorort	데어 포어오르트
시내중심	die Stadtmitte	디 슈타트미테
공원	der Park	데어 파크
유원지	der Vengnügungspark	
	데어 페어그뉴궁스파크	
축제	das Fest	다스 페스트
행사	die Veranstaltung	디 페어안슈탈퉁
특별행사	die Sonderveranstaltung	
	디 존더페어안슈탈퉁	

➡ 시내관광 관련 단어표현

동쪽	der Osten	데어 오스텐
서쪽	der Westen	데어 베스텐
남쪽	der Süden	데어 쥐이덴
북쪽	der Norden	데어 노르덴
이쪽	auf dieser Seite	
	아우프 디저 자이테	
저쪽	auf der anderen Seite	
	아우프 데어 안더렌 자이테	
앞	die Vorderseite	디 포더러자이테
뒤	die Rückseite	디 뤽자이테
옆	die Seite	디 자이테

빠르게 찾고 쉽게 말하는 여행회화! 여러분의 여행을 보다 즐겁고 편안하게 만들어 드립니다!!

관광 관련 단어!

안쪽	die Innenseite	디 인넨자이테
바깥쪽	die Außenseite	디 아우쎈자이테
오른쪽	die rechte Seite	디 레히테 자이테
왼쪽	die linke Seite	디 링케 자이테
곧장	Geradeaus	게라데아우스
도로	die Straße	디 슈트라세
보도	der Bürgersteig	데어 뷔르거슈타이크
사거리	die Straßenkreuzung	디 슈트라쎈크로이쭝
막다른 곳	die Sackgasse	디 자크가쎄
건널목	der Bahnübergang	데어 바안위버강
횡단보도	der Straßenübergang für Fußgänger	데어 슈트라쎈위버강 퓨어 풋쓰깽어
버스정류장	die Bushaltestelle	디 부스할테슈텔레
택시승차장	die Taxihaltestelle	디 탁시할테슈텔레
지하철역	die Bahnstation	디 반슈타치온
기차역	der Bahnhof	데어 반호프
시장	der Markt	데어 마크트
상가	das Geschäftsviertel	다스 게셰프트스피어텔
광장	der Platz	데어 플랏즈

10. 관광하기!

공원	der Park	데어 파크
주의!	die Vorsicht	디 포어지히트
위험!	die Gefahr	디 게파
경고!	die Warnung	디 바르눙
공사중	die Baustelle	디 바우슈텔레
계단이용!	Bitte Treppe benutzen!	빗테 트레페 베눗짼
고장!	Nicht in Ordnung!	니히트 인 오르트눙
출입금지!	Eintritt verboten	아인트리트 페어보텐
통행금지!	Durchfahren Verboten	두루히파렌 페어보텐
영업중	Geöffnet	게외프네트
폐점	Geschlossen	게슐로쎈
미시오!	Drücken	두릭켄
당기시오!	Ziehen	지이헨
입구	der Eingang	데어 아인강
출구	der Ausgang	데어 아우스강
비상구	der Notausgang	데어 노트아우스강
화장실	die Toilette	디 토일레트
공중변소	die öffentliche Bedürfnisanstalt	디 외펜트리헤 베뒤르프니스안슈탈트
남자용	Männer	메너
여자용	Frauen	프라우헨

빠르게 찾고 쉽게 말하는 여행회화! 여러분의 여행을 보다 즐겁고 편안하게 만들어 드립니다!!

❺ 공연의 관람! 1.

❶ 몇 시 표가 있습니까?

❷ 입장료는 얼마입니까?

❸ 일반표 (학생) 2장 주세요.

❹ 가장 싼 좌석으로 2장 주십시오.

❺ 오늘 좌석이 아직 있습니까?

❻ 영화관은 어디에 있습니까?

❼ 뉴스를 보고 싶습니다.

❽ 쇼는 어디서 볼 수 있습니까?

❾ 지금 뭘 하고 있습니까?

10. 관광하기!

❶ Welche Karte haben Sie?
빌헤 카르테 하벤 지

❷ Wie hoch ist der Eintrittspreis?
뷔이 호흐 이스트 데어 아인트릿츠프라이스

❸ Geben Sie mir zwei normale Karten bitte.
게밴 지 미어 쯔바이 노말레 카르텐 비테

❹ Geben Sie mir zwei billigere Karten bitte.
게밴 지 미어 쯔바이 빌리거래 카르텐 비테

❺ Haben Sie noch Plätze frei?
하벤 지 노흐 플랫재 프라이

❻ Wo ist das Kino?
보 이스트 다스 키노

❼ Ich möchte die Nachrichten sehen.
이히 뫼히테 디 나하리히트 제엔

❽ Wo kann ich eine Show sehen?
보오 칸 이히 아인 쇼 제엔

❾ Was spielt da jetzt?
봐스 슈필-트 다 옛츠트

❻ 공연의 관람! 2.

❿ 지금 인기있는 공연은 무엇입니까?

⓫ 누가 출연하고 있습니까?

⓬ 이 영화는 며칠까지 상영합니까?

⓭ 입구는 어디입니까?

⓮ 개막(종막)은 몇 시입니까?

⓯ 몇 시에 끝납니까?

⓰ 팜플렛이 있습니까?

앗! 단어장!

populär (포퓰레어) : 인기있는
der Hauptdarsteller (하웁트다-슈텔러)
　　　　　　　　　　　: 주인공

10. 관광하기!

❿ Was ist jetzt am populärsten?
봐스 이스트 옛츠트 암 포풀레어스텐

⓫ Wer sind die Hauptdarstellerin?
베어 진트 디 하웁트다-슈텔러린

⓬ Bis wann spielt dieser Spielfilm?
비스 반 슈필트 디저 슈필필름

⓭ Wo ist der Eingang?
보 이스트 데어 아인강

⓮ Um wieviel Uhr beginnt (endet) die Vorstellung?
움 뷔필 우어 베긴트 (엔데트) 디 포어슈텔룽

⓯ Wann endet diese Veranstaltung?
반 엔데트 디제 페어안슈탈퉁

⓰ Haben Sie die Broschüre?
하벤 지 디 부로쉐레

앗! 단어장!

der Spielfilm (데어 슈필필름) : 영화
die Vorstellung (디 포어슈텔룽) : 공연
die Broschüre (디 부로셰) : 팜플렛

빠르게 찾고 쉽게 말하는 여행회화! 여러분의 여행을 보다 즐겁고 편안하게 만들어 드립니다!!

❼ 나이트 클럽!

❶ 디스코텍에 가고 싶습니다.

❷ 근처에 디스코텍이 있습니까?

❸ 몇 시에 엽니까?

❹ 입장료는 얼마입니까?

❺ 입장료가 포함된 것입니까?

❻ 음료수 값은 별도입니까?

❼ 저와 춤추시겠습니까?

die Discothek (디 디스코텍) : 디스코텍
der Nachtclub (데어 나하트클룹) : 나이트클럽
der Eintrittspreis (데어 아인트릿츠프라이스)
　　　　　　　　　　　　　　　　: 입장료

앗! 단어장!

10. 관광하기!

❶ Ich will zur Discothek.
이히 빌 쭈어 디스코텍

❷ Gibt es Discothek in der Nähe?
깊 에스 디스코텍 인 데어 네에

❸ Wann öffnet der Nachtclub?
반 외프넷트 데어 나하트클룹

❹ Wie hoch ist der Eintrittspreis?
뷔이 호흐 이스트 데어 아인트릿츠프라이스

❺ Ist der Eintrittspreis in dem Preis der Rundfahrt eingeschlossen?
이스트 데어 아인트릿츠프라이스 인 뎀 프라이스 데어 룬트화-르트 아인게슐로-쎈

❻ Ist das Getränk extra?
이스트 다스 게트랭크 엑스트라

❼ Würden Sie mit mir tanzen?
뷰르덴 지 미트 미어 탄쨴

der Preis (데어 프라이스) : 가격
das Getränk (다스 게트랭크) : 음료수
tanzen (탄쨴) : 춤추다

앗! 단어장!

⑧ 스포츠 즐기기!

❶ 어떤 운동을 좋아하십니까?

❷ 야구를 제일 좋아합니다.

❸ 말을 타고 싶습니다.

❹ 내 취미는 수영입니다.

❺ 배구 시합을 보고 싶습니다.

❻ 누구와 누구의 시합이 펼쳐집니까?

❼ 권투를 하고 싶습니다.

❽ 골프 클럽에 들고 싶습니다.

❾ 저는 독일 축구팀의 열렬한 팬입니다.

10. 관광하기!

❶ Welchen Sport mögen Sie?
벨헨 스포르트 뫼겐 지

❷ Ich mag sehr den Baseball.
이히 막 제어 덴 베이스볼

❸ Ich möchte das Reiten.
이히 뫼히테 다스 라이텐

❹ Mein Hobby ist Schwimmen.
마인 호비 이스트 슈빔멘

❺ Ich möchte ein Bollyballspiel sehen.
이히 뫼히테 아인 볼리발슈필 제헨

❻ Wer spielt mit wem?
베어 슈필트 미트 벰

❼ Ich möchte boxen.
이히 뫼히테 복센

❽ Ich möchte in einem Golfverein sein.
이히 뫼히테 인 아이넴 골프페어아인 자인

❾ Ich bin ein Fan von deutschen Fußballmannschaft.
이히 빈 아인 팬 폰 도이첸 푸스발만샤프트

오락 관련 단어!

➡ 오락 관련 단어표현

음악회	das Konzert	다스 콘째르트
음악당	die Konzerthalle	디 콘째르트할래
연극	das Spiel	다스 슈필
뮤지컬	die Operette	디 오페래테
오페라	die Oper	디 오퍼
영화	der Film	데어 휠름
영화관	das Kino	다스 키노
발레	das Ballett	다스 발랫트
댄스홀	die Tanzhalle	디 탄쯔할래
나이트 클럽	der Nachtklub	데어 나흐트클룹
디스코텍	die Discothek	디 디스코테크
매표소	die Kasse	디 카세
예매권	die Vorverkauskarte	
	디 포어페어카우프스카르테	
어른	Erwachsene	에어박세네
어린이	das Kind	다스 킨트
학생	der Schüler	데어 슐러
만원	das Überfülltsein	
	다스 위버퓰트자인	
공연	die Vorführung	디 포어퓨룽

10. 관광하기!

| 휴식시간 | die Pause | 디 파우제 |

◐ 스포츠 관련 단어표현

축구	der Fußball	데어 푸스발
야구	der Baseball	데어 바제발
수영	das Schwimmen	다스 슈빔멘
수영장	der Schwimmplatz	데어 슈빔플랏즈
테니스	das Tennis	다스 테니스
테니스 코트	der Tennisplatz	데어 테니스플랏즈
캠핑	das Camping	다스 캠핑
등산	die Bergsteigerung	디 베르크슈타이거룽
낚시	das Angeln	다스 앙겔른
보트	das Boot	다스 부트
스키	das Schifahren	다스 쉬파렌
스케이트	der Eislauf	데어 아이스라우프

빠르게 찾고 쉽게 말하는 여행회화! 여러분의 여행을 보다 즐겁고 편안하게 만들어 드립니다!!

오락 관련 단어!

싸이클링	**das Radfahren** 다스 라트파렌
자전거 대여	**die Fahrrädervermietung**
	디 파레더페어미퉁
골프	**das Golfspiel** 다스 골프슈필
골프장	**der Golfspielplatz**
	데어 골프슈필플랏즈

✚ 베를린 관광 정보!

베를린을 관광할 때 베를린 웰컴카드(Berlin Welcomecard)를 구입하면 베를린 내의 버스나 트램을 3일 동안 자유롭게 이용할 수 있으며 지정된 미술관이나 박물관을 무료 또는 할인 받을 수 있습니다.

구입은 쫄로기셔가르텐(Zoologischer Garten) 역 앞의 BVG안내소나 주요 호텔에서 할 수 있습니다.

11. 사고상황의 대처

❶ 문제상황의 발생!

극우파 과격 분자나 스킨헤드, 흑인 등이 외국인에게 폭력을 가하기도 하므로 야간에 역 주변을 혼자 배회하거나 지하철을 혼자 탑승하는 것은 삼가는 것이 좋습니다. 그리고 소매치기와 도난 사고도 자주 있는 편이므로 주의하도록 합니다. 빈번하게 도난사고가 일어나는 장소로는 주로 공항과 역 주변, 인적이 드문 화장실과 코인 로커, 기차 안 등입니다. 짐이 여러개일 경우에는 도난당하기 쉬우므로 조심하고 여권과 현금은 남의 눈에 띄지 않도록 하며 귀중품은 호텔의 안전 박스에 보관하도록 합니다. 또 야간 기차를 탑승할 경우 혼자서 이용하지 않도록 하며 모르는 사람이 주는 과자나 음료수 등은 먹지 않도

분실, 도난, 사고?

록 합니다. 수면제가 들어 있을 수 있습니다. 그리고 현지에서 사고가 났을 경우에는 먼저 '미안하다'라고 말하지 않으며 독일은 서명의 효력이 절대적이므로 함부로 사인하지 않도록 합니다.

외국 여행시 분실 도난사고에 대비해서 다음의 것들을 메모하여 따로 보관하도록 합니다.

여권과 비자 - 여권 번호, 발행일, 발행지, 유효 기간, 여행지의 한국공관 연락처 (여권의 사진이 있는 부분을 복사해 둠)
여행자 수표 - 수표의 일련 번호, 구입일, 한국과 현지의 은행 연락처
신용 카드 - 카드 번호, 한국과 현지의 발급처와 분실 신고 연락처
해외 여행자 보험 - 보험증 번호, 계약 연월일
항공권 - 항공권 번호, 발행일, 한국과 현지의 항공사 연락처

❷ 분실 도난사고시!

ⓐ 여권을 분실했을 때:

여권을 분실해 재발급을 받으려면 상당한 시간이 소요됩니다. 전체 여행에 차질을 빚을 수 있으므로 가능한 한 빨리 한국대사관이나 총영사관에 연락한 후 '여행자증명서'를 발급 받도록 합니다. 여권 및 여행자 증명서를 재발급 받기 위한 구비서류로는 ① 여권 도난/분실 증명서 (현지 경찰 발급), ② 일반여권 재발급신청서 2통, ③ 신분증, ④ 사진 2매, ⑤ 분실한 여권의 번호와 교부일자 등을 준비해야 합니다.

ⓑ 여행자수표를 분실했을 때:

재발행은 두 번째의 사인을 하지 않은 미사용분만 가능합니다. 재발행을 위해서는 ① 분실증명서(경찰서에서 발급), ②

11. 사고상황의 대처

발행 증명서(구입시 은행에서 준 것), ③ 여권이나 운전면허증 등의 신분증을 지참하고 발행 은행의 현지 지점으로 가시면 됩니다.

ⓒ 항공권을 분실했을 때 :

발권 항공사의 대리점으로 가서 재발급 신청을 합니다. ① 항공권번호, ② 발권일자, ③ 구간, ④ 복사본이 있으면 편리하며, 소요시간은 약 1주일정도 걸립니다. 시간이 촉박할 때는 일단 새로 비행기표를 사고, 나중에 환불 받는 방법을 취하도록 합니다.

ⓓ 크레디트카드를 분실했을 때 :

카드발행회사에 즉시 신고합니다. 보통 지갑과 함께 잃어버려 현금과 다른 신분증을 함께 잃어 버리는 경우가 많은데 이를 위해 현금과 카드는 분산해서 소지하고 한국으로부터 송금받을 경우에 대해서도 대비를 하도록 합니다.

ⓔ 배낭 또는 기타 물건을 분실했을 때 :

가방을 분실하거나 도난 당했을 경우, 인근 경찰서에서 분실 증명서를 발급 받아야 합니다. 보험 가입자의 경우 귀국 후 보험청구시에 반드시 필요한 서류가 됩니다. 그리고 항공기의 운송사고의 경우는 사고보상에 따른 일체를 항공사가 배상합니다.

❸ 질병에 대한 대비

독일은 의약 분업이 철저해서 의사의 처방전이 없이는 간단한 약도 구입할 수 없는 경우가 있으므로 상비약품 정도는 미리 준비해 가도록 합니다.

① 분실사고시! 1.

❶ 여권을 분실했습니다.

❷ 지갑을 도난 당했습니다.

❸ 내가방을 두고 내렸습니다.

❹ 여행자 수표를 잃어버렸어요.

❺ 어제 지하철에서 소매치기 당했습니다.

❻ 도난 증명서를 만들어 주십시오.

❼ 한국대사관은 어떻게 갑니까?

❽ 여행자 수표를 다시 발행하러 왔습니다.

11. 사고상황의 대처

❶ Ich verlor meinen Reisepass.
이히 페어로어 마이넨 라이제파스

❷ Man hat mir die Brieftasche gestohlen.
만 하트 미어 디 브리이프타셰 케슈톨렌

❸ Ich habe meine Tasche liegen lassen.
이히 하베 마이네 타셰 리겐 라쎈

❹ Ich habe meine Reiseschecks verloren.
이히 하아베 마이네 라이제쉑스 페어로렌

❺ Ich wurde gestern in der U-Bahn gestohlen.
이히 부루데 게스터른 인 데어 우 반 게슈톨렌

❻ Stellen Sie mir bitte eine Bescheinigung über den Diebstahl aus.
슈텔렌 지 미어 빗테 아이네 베샤이니궁 위버 덴 디입슈타알 아우스

❼ Wie kann ich zur koreanischen Botschaft?
뷔 칸 이히 주어 코리아니셴 보츠샤프트

❽ Stellen Sie mir bitte nochmal meine Reiseschecks aus.
슈텔렌 지 미어 비테 노호말 마이네 라이제쉑스 아우스

분실사고시! 2.

❾ 어디로 찾으러 가면 되죠?

❿ 어디서 그것을 재발행 받을 수 있습니까?

⓫ 재발행 해 주시겠습니까?

⓬ 오늘 재발행됩니까?

⓭ 누구한테 알리는게 좋습니까?

⓮ 분실물계는 어디입니까?

⓯ 이 전화번호로 연락주세요.

kriegen (크리겐) : 받다
nochmal (노호말) : 다시
ausstellen (아우스슈텔렌) : 발행하다

앗! 단어장!

11. 사고상황의 대처

❾ Wo kann ich das wieder kriegen?
보 칸 이히 다스 비더 크리겐

❿ Wo kann ich dies nochmal ausstellen lassen?
보 칸 이히 디스 노호말 아우스슈텔렌 라센

⓫ Kann ich neue Schecks haben?
칸 이히 노이에 쉑스 하벤

⓬ Wird das heute ausgestellt?
뷔르트 다스 호이테 아우스게슈텔트

⓭ Wem muss ich es melden?
뱀 무쓰 이히 에스 멜덴

⓮ Wo ist das Fundbüro?
보 이스트 다스 푼트뷔로

⓯ Rufen Sie bitte unter dieser Nummer an.
루펜 지 비테 운터 디저 눔머 안

heute (호이테) : 오늘

melden (멜덴) : 신고, 등록하다

das Fundbüro (다스 푼트뷔로) : 분실물계

앗! 단어장!

❸ 사고의 신고!

❶ 여보세요. 경찰서죠?

❷ 경찰서 좀 대 주세요.

❸ 제 지갑을 소매치기 당했어요.

❹ 자동차 사고를 신고하고자 합니다.

❺ 화재발생 신고를 하려 합니다.

❻ 여기 부상자 한 사람이 있습니다.

❼ 그의 머리에서 피가 납니다.

❽ 앰불런스를 좀 불러주세요.

❾ 차가 고장났습니다.

11. 사고상황의 대처

❶ Hallo, ist da die Polizei?
할로 이스트 다 디 폴리짜이

❷ Verbinden Sie mich bitte mit der Polizei!
페어빈덴 지 미히 비테 밋 데어 폴리짜이

❸ Ein Taschendieb hat meine Brieftasche gestohlen.
아인 타센딥 핫트 마이네 브리이프타쉐 게슈톨렌

❹ Ich möchte mich für einen Autounfall anmelden.
이히 뫼히테 미히 퓨어 아이넨 아우토운팔 안멜덴

❺ Ich möchte mich für einen Brand anmelden.
이히 뫼히테 미히 퓨어 아이넨 브란트 안멜덴

❻ Hier liegt eine Verletzte.
히어 리익트 아이네 페어레쯔테

❼ Sein Kopf blutet.
자인 콥프 블루테트

❽ Bitte, rufen Sie Ambulanz an!
비테 루펜 지 암불란즈 안

❾ Mein Auto hat eine Panne.
마인 아우토 핫트 아이네 판네

빠르게 찾고 쉽게 말하는 여행회화! 여러분의 여행을 보다 즐겁고 편안하게 만들어 드립니다!!

④ 긴급! 간단표현!

❶ 응급상황입니다!

❷ 120(구급차)으로 전화해주세요.

❸ 경찰을 불러 주세요!

❹ 도둑이다!

❺ 불이야!

❻ 도와주세요!

❼ 조심해요!

❽ 엎드려!

❾ 비켜요!

11. 사고상황의 대처

❶ Hier ist Notfall.
히어 이스트 노트팔

❷ Rufen Sie bitte die Nummer 120 an!
루펜 지 비테 디 눔머 아인훈더트쯔반지히 안

❸ Rufen Sie die Polizei an!
루펜 지 디 폴리짜이 안

❹ Dieb!
딥

❺ Feuer!
포이어

❻ Hilfe!
힐페

❼ Vorsicht!
포어지히트

❽ Auf die Knie fallen!
아우프 디 크니 팔렌

❾ Beiseite!
바이자이테

❺ 병원 치료!

❶ 병원에 데려다 주세요.

❷ 구급차를 불러 주세요.

❸ 의사를 불러 주세요.

❹ 여기에 통증이 있습니다.

❺ 머리가 아픕니다. /
오한이 납니다.

❻ 현기증이 납니다. / 토할 것 같습니다.

❼ 설사를 합니다.

❽ 다리가 부러졌습니다.

❾ 여행을 계속해도 됩니까?

11. 사고상황의 대처

❶ Bitte, bringen Sie mich zum Krankenhaus.
비테 브링엔 지 미히 쭘 크랑켄하우스

❷ Bitte, rufen Sie eine Ambulanz an!
비테 루펜 지 아이네 암불란즈 안

❸ Rufen Sie bitte einen Arzt.
루펜 지 비테 아이넨 아르쯔트

❹ Es schmerzt hier.
에스 슈메르쯔트 히어

❺ Ich habe Kopfschmerzen. / Ich habe schüttelfrost.
이히 하베 콥프슈메르짼 / 이히 하베 슈잇텔푸로스트

❻ Es ist mir schwindlig / eckelig.
에스 이스트 미어 슈빈들리히 / 에켈리히

❼ Ich habe Durchfall.
이히 하베 두루히팔

❽ Mein Bein ist gebrochen.
마인 바인 이스트 게브록헨

❾ Kann ich meine Reise fortsetzen?
칸 이히 마이네 라이제 포르트젯짼

❻ 약국의 처방!

❶ 이 처방대로 약 좀 주세요.

❷ 감기약 좀 주십시오.

❸ 두통약을 좀 주세요.

❹ 소화제를 좀 주세요.

❺ 하루에 약을 몇 회나 복용합니까?

❻ 이 약을 하루 3번 식후에 드세요.

❼ 처방전 없이 이 약은 드실 수 없습니다.

11. 사고상황의 대처

❶ Bitte, geben Sie mir Medikamente nach diesem Rezept.
비테 게벤 지 미어 메디카멘트 나하 디젬 레젭트

❷ Geben Sie mir die Tablette gegen die Erkältung.
게벤 지 미어 디 타블렛테 게겐 디 에어켈퉁

❸ Geben Sie mir die Tablette gegen den Kopfschmerz.
게벤 지 미어 디 타블레터 게겐 덴 콥프슈메르쯔

❹ Geben Sie mir die Tablette für die Verdauung.
게벤 지 미어 디 타블레터 퓨어 디 페어다우웅

❺ Wieviel nehme ich am Tag die Tabeltte?
뷔필 네메 이히 암 탁 디 타블레터

❻ Nehmen Sie dreimal am Tag.
네멘 지 드라이말 암 탁

❼ Ohne Rezept können Sie diese Tablette nicht nehmen.
오네 레쳅트 켄넨 지 디제 타블레터 니히트 네멘

빠르게 찾고 쉽게 말하는 여행회화! 여러분의 여행을 보다 즐겁고 편안하게 만들어 드립니다!!

사고상황 관련 단어!

● 사고 관련 단어표현

경찰서	die Polizeibehörde	디 폴리짜이베헤르데
경찰	die Polizei	디 폴리짜이
경찰관	der Polizist	데어 폴리찌스트
파출소	die Polizeiwache	디 폴리짜이봐헤
여권	der Reisepass	데어 라이제파쓰
지갑	die Geldtasche	디 겔트타쉐
현금	das Bargeld	다스 바아겔트
귀금속	der Schmuck	데어 슈묵
분실공고	die Verlustanzeige	디 페어루스트안자이게
발행증명	die Bescheinigung	디 베샤이니궁
재발행하다	wieder ausstellen	비더 아우스슈텔렌
도둑	der Dieb	데어 딥
도난	der Diebstahl	데어 딥슈탈
강도	der Räuber	데어 로이버
분실	der Verlust	데어 페어루스트
부상	Verletzte	페어레쯔테

11. 사고상황의 대처

화재	das Feuer	다스 포이어
충돌사고	der Zusammenstoß	
	데어 주잠멘슈토쓰	
피난	die Zuflucht	디 주플루트

➡ 병원 관련 단어표현

병원	das Krankenhaus	
	다스 크랑켄하우스	
의사	der Arzt	데어 아르쯔트
간호원	die Krankenschwester	
	디 크랑켄슈베스터	
구급차	der Krankenwagen	
	데어 크랑켄바겐	
환자	Kranke	크랑케
입원	Im Krankenhaus liegen	
	임 크랑켄하우스 리이겐	

빠르게 찾고 쉽게 말하는 여행회화! 여러분의 여행을 보다 즐겁고 편안하게 만들어 드립니다!!

사고상황 관련 단어!

● 신체 부위별 명칭

몸	der Rumpf	데어 룸프
머리	der Kopf	데어 콥프
코	die Nase	디 나제
귀	das Ohr	다스 오어
입	der Mund	데어 문트
손목	das Handgelenk	다스 한트게렝크
팔	der Arm	데어 아름
발	der Fuss	데어 푸쓰
다리	das Bein	다스 바인
가슴	die Brust	디 부르스트
등	der Rücken	데어 뤼켄
허리	die Hüfte	디 휴프테
심장	das Herz	다스 헤르쯔
간장	die Leber	디 레버

● 치료 관련 단어표현

주사	die Sprize	디 슈프리쩨

11. 사고상황의 대처

수술	die Operation	디 오페라찌온
처방	das Rezept	다스 레챕트
약	das Medikament	다스 메디카멘트
체온	die Temperatur	디 템페라투어

열	das Fieber	다스 피이버
맥박	der Puls	데어 풀스
혈압	der Blutdruck	데어 블룻드룩
진단서	die schriftliche Diagnose	디 슈리프틀리헤 디아그노제
두통	der Kopfschmerz	데어 콥프슈메르쯔
현기증	der Schwindelanfall	데어 슈빈델안팔
기침	der Husten	데어 후스텐
감기	die Erkältung	디 에에켈퉁
폐렴	die Lungenentzündung	디 룽엔엔트췬둥
유행성 감기	die Grippe	디 그립페

🏥 사고상황 관련 단어!

맹장염　　　　　die Blinddarmentzündung
　　　　　　　　디 블린트다름엔트쮠둥

● 약국 관련 단어표현

약국	die Apotheke	디 아포테케
처방전	das Rezept	다스 레쳅트
탈지면	die Watte	디 밧테
반창고	das Leukoplast	
	다스 로이코플라스트	
머큐롬	die Jodtinktur	디 요팅크투어
붕대	die Binde	디 빈더
연고	die Salbe	디 잘버
아스피린	das Aspirin	다스 아스피린
해열제	das Fiebermittel	다스 피버미텔
진통제	die schmerzstillende Medizin	
	디 슈메르쯔스틸렌데 메디찐	
감기약	die Medizin gegen Erkältung	
	디 메디찐 게겐 에어켈퉁	
위장약	die Medizin für Magen und Darm	
	디 메디찐 퓨어 마겐 운트 다름	

12. 귀국 준비!

❶ 귀국 준비!

이제 귀국을 준비할 때입니다. 먼저 짐을 잘 정리해 가방의 부피를 최대한으로 줄이며, 짐의 갯수도 줄이도록 합니다. 그리고 귀국에 필요한 서류들을 다시 한번 확인하고 따로 작은 가방에 넣어 잘 보관합니다. 귀국 때 잃어버리는 짐이 가장 많기 때문에 관리를 잘 하도록 합니다.

ⓐ **예약 재확인 :** 귀국날짜가 정해지면 미리 항공편 좌석을 예약해야 하며, 예약을 이미 해두었을 경우는 출발 예정일의 3일 전에 재확인을 해야 합니다. 항공사에 전화해서 이름, 편명, 행선지를 말하고 자신의 연락 전화번호를 남기도록 합니다. 성수기 때에는 자칫 재확인을 안해서 당일날 좌석을 구하지 못하는 일이 종종 있습니다.

귀국 준비는 이렇게!

ⓑ **수하물의 정리** : 출발하기 전에 맡길 짐과 기내에 가지고 들어갈 짐을 나누어 꾸리고 토산품과 현지에서 구입한 물건의 품명과 금액을 리스트에 기재해 둡니다. 물건의 파손이 우려되는 제품은 가급적 직접 운반하는 것이 좋으며, 부피가 클 경우는 짐에 '주의! 파손위험' 이라는 스티커를 보딩패스 할 때 붙여달라고 요구합니다. 그리고 현지에서 구입한 면세 물품 관련 서류를 반드시 챙겨 물건을 꼭 받아 나오도록 합니다.

ⓒ **출국절차** : 최소한 출발 2시간 전까지는 공항에 미리 도착해 체크인을 하십시오. 9.11테러 이후 수하물 검사가 매우 철저하게 진행되기 때문에 상당 시간이 소요됩니다. 기내휴대 수하물 외의 짐은 탁송합니다. 화물은 항공기 탑재 중량을 먼저 주의하여야 하며, 초과 중량에 대해서는 1kg당 운임료를 따로 지불해야 합니다. 적지 않은 비용이기 때문에 반드시 미리 체크하도록 합니다.

출국절차는 먼저 자신이 이용할 해당 항공사 데스크로 가서 여권, 출입국카드(입국시에 여권에 붙여놓았던 것), 항공권을 제시하면 계원이 출국 카드를 떼내고 비행기의 탑승권을 줍니다. 탑승권에는 좌석번호는 물론 탑승구 번호와 탑승시간까지 기록되어 있습니다. 항공권에 공항세가 포함되어 있지 않을 경우에는 출국 공항세를 지불해야 하는 곳도 있습니다. 이렇게 탑승절차를 마치고 난 후 다음은 보안검색과 기내휴대 수하물의 **X선검사**를 받습니다. 출국장 안으로 들어가게 되면 먼저 탑승권에 표시된 탑승 게이트로 가서 대기를 하거나 면세품코너를 들러 남은 시간을 보냅니다. 아직 선물을 준비하지 못했다면 이곳에서 사는 것이 좋습니다. 귀국할 때는 인천공항의 면세점을 이용할 수 없습니다.

12. 귀국 준비!

❷ 한국 도착!

한국에 도착한 후 입국절차는 ⓐ 입국신고서(세관신고서) 작성, ⓑ 검역, ⓒ 입국심사, ⓓ 세관검사의 순으로 진행됩니다. 입국신고서는 미리 준비해 둡니다. (출국신고서 작성시에 준비했던 것) 입국절차는 출국절차의 역순, **Q - I - C** (**Quarantine, Immigration, Customs**)입니다.

ⓐ 검역 : 비행기에서 내리면 맨 먼저 검역 부스가 있습니다. 미국, 유럽 등지에서 오는 여행객에 대해서는 검사가 없습니다. 주로 전염병이 보고된 지역의 여행객이 받습니다.

ⓑ 입국심사 : 내국인이라고 표시된 곳으로 가서 줄을 섭니다. 여권과 입국신고서를 제출하면 계원이 입국 카드를 떼어내고 여권에 입국 스탬프를 찍어 주면 끝입니다.

ⓒ 세관 : 세관신고는 자진 신고제를 운영하고 있습니다. 세관 검사에 필요한 서류는 여권과 세관신고서입니다. 신고할 물품이 있으면 여기에 기재를 합니다만 면세품의 경우는 구두로 신고해도 됩니다. 과세 대상품에 대해서는 세관원이 세액을 산출하여 지불용지를 작성해 줍니다. 지불할 돈이 모자라거나 없을 땐 일단 과세 대상품을 세관에 예치하고 나중에 찾아 가도록 합니다. 현재 술, 담배, 향수 이외의 물건은 해외 취득 가격 합계 400달러까지 면세됩니다. 특별히 신고할 물건이 없으면 녹색심사대를 통해 우선 통과가 가능하지만 만약 미기재된 물품이나 신고한 금액을 초과한 물품에 대해서는 별도의 관세가 부과되며, 반입금지 물품(마약류, 총기류 등)에 대해서는 형사처벌을 받게 됩니다. 그리고 남의 짐을 잠시 맡아 주는 등의 도움이 자칫 밀수, 불법반입으로 악용되는 경우가 있기 때문에 특히 주의가 필요합니다.

빠르게 찾고 쉽게 말하는 여행회화! 여러분의 여행을 보다 즐겁고 편안하게 만들어 드립니다!!

① 예약확인!

❶ 예약을 재확인하고 싶습니다.

❷ 서울에서 예약했습니다.

❸ 12월 23일의 KAL 702편입니다.

❹ 이름은 권지현입니다.

❺ 예약을 변경하고 싶습니다.

❻ 서울까지 이등석 두 명입니다.

❼ 이 예약을 취소해 주십시오.

앗! 단어장!

der Flug (데어 플룩) : 비행편
bestätigen (베슈테티겐) : 확인하다
reservieren (레저비어렌) : 예약하다

12. 귀국 준비!

❶ Ich möchte meinen Flug bestätigen.
이히 뫼히테 마이넨 플룩 베슈테티겐

❷ Ich habe schon in Korea reserviert.
이히 하베 숀 인 코리아 레저비어트

❸ Ihr Flug ist KAL 702 am 23. 12.
이어 플룩 이스트 칼 지벤눌쯔바이 암
드라이운트쯔반찌히스텐 데젬버

❹ Der Name ist Ji Hyeon Kwan.
데어 나메 이스트 지현 권

❺ Ich möchte umbuchen.
이히 뫼히테 움북헨

❻ Zwei Karten der Touristenklasse nach Seoul.
쯔바이 카르텐 데어 투리스텐클랏쎄 나하 서울

❼ Ich möchte diese Reservierung abstellen.
이히 뫼히테 디이제 레저비어룽 압슈텔렌

umbuchen (움북헨) : 변경하다

die Karte (디 카르테) : 표

abstellen (압슈텔렌) : 취소하다

앗! 단어장!

❷ 귀국시 공항에서!

❶ 이 짐들을 대한항공 카운터로 옮겨주십시오.

❷ 탑승수속은 어디서 합니까?

❸ 창쪽 자리로 해 주십시오.

❹ 탑승개시는 몇 시입니까?

❺ 게이트 번호를 가르쳐 주십시오.

❻ 수하물 검사는 어디서 합니까?

❼ 6번 게이트는 어디입니까?

12. 귀국 준비!

❶ Bringen Sie bitte diese Gepäck zum Schlater von KAL.
브링엔 지 비테 디제 게펙 쭘 샬터 폰 칼

❷ Wohin muss ich mich wenden, um an Bord gehen zu können?
보힌 무쓰 이히 미히 벤덴 움 안 보르트 게엔 쭈 켄넨

❸ Einen Platz am Fenster bitte.
아이넨 플랏쯔 암 휀스터 빗테

❹ Wann können wir einsteigen?
봔 켄넨 뷔어 아인슈타이겐

❺ Würden Sie mir bitte die Flugsteignummer sagen?
뷔르덴 지 미어 빗테 디 플루크슈타이크눔머 쟈겐

❻ Wo wird das Handgepäck geprüft?
보 뷔르트 다스 한트게펙 게프류푸트

❼ Wo ist Flugsteig 6?
보 이스트 플루크슈타이크 젝스

빠르게 찾고 쉽게 말하는 여행회화! 여러분의 여행을 보다 즐겁고 편안하게 만들어 드립니다!!

특별부록
비지니스 독일어회화

해외 출장을 떠나시는 독자 여러분들을 위한 필수 비지니스 독일어 회화를 특별 부록편으로 모아 정리했습니다. 간단한 인사말에서부터 상담, 계약, 주문에 이르기까지 꼭 필요한 필수 문장들을 중심으로 소개해 드립니다. 독자 여러분의 '성공 비지니스' 를 기원합니다.

초면의 인사법!

비지니스에 있어서 첫 만남은 무엇보다도 중요합니다. 상대에게 좋은 인상을 줄 수 있도록 첫 인사말을 준비해 봅니다. 상대와의 첫 인사! 무엇보다도 여러분의 밝은 미소와 자신감을 함께 전하십시오.!

독일인과의 비지니스!

'**Grüß Gott!**' (그뤼스 고트)와 '**Ich freue mich, Sie kennenzulernen.**' (이히 프로이에 미히 지이 켄넨쭈우레르넨)은 처음 만났을 때 나눌 수 있는 인사로서 '안녕하세요.', '처음 뵙겠습니다.' 라는 뜻입니다. 상대방이 이렇게 말했을 때에는 '**Ich freue mich, Sie zu sehen.**' (이히 프로이에 미히 지이 쮸- 제-엔)이라고 대답함으로써 반가움을 표현하시면 되겠습니다.

사업 근황 물어보기!

서로 만나 인사라도 나눈 적이 있거나, 이미 아는 사이라면 인사법이 좀 더 간편해집니다. 간편한 인사법으로는 '**Guten Morgen.**' (구텐 모르겐 : 아침), '**Guten Tag.**' (구텐 탁 : 점심), '**Guten Abend.**' (구텐 아벤트 : 저녁)가 있으며 '**Wie geht es Ihnen?**' (어떻게 지내십니까? : 비 게엣 에스 이넨), '**Danke, es geht mir gut.**' (저도 잘 지냅니다. : 당케 에스 게엣 미어 굿)이라고 그간의 안부를 물을 수 있습니다. 사업의 근황을 물을 때는 **Wie läuft das Geschäft neulich?** (요즘 사업은 어떻습니까? : 뷔 로이프트 다스 게세프트 노이리히)라고 묻고, 대답은 일반적으로 '네, 좋습니다.' ('**Es läuft gut.**' : 에스 로이프트 굿, '**Danke, es geht gut.**' : 당케 에스 게엣 굿)이라고 말합니다.

기본 회화에서 계약 성공까지!
비지니스 회화!

❶ 누구를 찾으세요?

❷ 바우만 사장님과 만나기로 약속했습니다.

❸ 그와 상의할 문제가 좀 있어서요.

❹ 그는 오늘 쉬는 날입니다.

❺ 피셔 씨는 지금 회의 중입니다.

❻ 손님이 오셨습니다.

❼ 오래 기다리게 해서 죄송합니다.

suchen (죽헨) : 찾다
die Verabredung (디 페어앞레둥) : 약속
unterhalten (운터할텐) : 상담하다

특별 부록 비지니스 회화! 비지니스

❶ 방문객을 맞을 때!

❶ **Wen suchen Sie?**
벤 죽헨 지

❷ **Ich habe eine Verabredung mit dem Chef Baumann.**
이히 하베 아이네 페어앞레둥 미트 뎀 셰프 바우만

❸ **Ich habe mit ihm zu unterhalten.**
이히 하베 미트 임 주 운터할텐

❹ **Er macht heute Urlaub.**
에어 마흐트 호이테 우어랍

❺ **Herr Fischer macht gerade eine Besprechung.**
헤어 피셔 마흐트 게라데 아이네 베슈프레훙

❻ **Der Gast ist da.**
데어 가스트 이스트 다

❼ **Verzeihung, dass ich Sie warten lasse.**
페어자이웅 다스 이히 지 바르텐 라쎄

앗! 단어장!

der Urlaub (데어 우어랍) : 휴가
die Besprechung (디 베슈프레훙) : 회의
der Gast (데어 가스트) : 손님

빠르게 찾고 쉽게 말하는 여행회화! 여러분의 여행을 보다 즐겁고 편안하게 만들어 드립니다!!

기본 회화에서 계약 성공까지!
비지니스 회화!

❶ 뵙게되어 반갑습니다.

❷ 우리 회사에 오신 것을 환영합니다.

❸ 저는 SBJ의 대표이사, 이민수입니다.

❹ 제 명함입니다.

❺ 이쪽으로 오시겠습니까?

❻ 사업 근황이 어떻습니까?

kennen lernen (켄넨쭈레르넨) : 알게 되다
das Willkommen (다스 빌콤멘) : 환영
der Direktor (데어 디렉토) : 대표이사

특별 부록 비지니스 회화!

비지니스

❷ 인사할 때!

❶ Ich freue mich, Sie kennenzuleren.
이히 프로이헤 미히 지 켄넨쭈레르넨

❷ Herzlich Willkommen!
헤르쯔리히 빌콤멘

❸ Ich bin Direktor von SBJ, Min Soo LEE.
이히 빈 디렉토 폰 에스 베 요트 민 수 이

❹ Das ist meine Visitenkarte.
다스 이스트 마이네 비지텐카르테

❺ Können Sie hierher kommen?
켄넨 지 히어헤어 콤멘

❻ Wie läuft das Geschäft neulich?
뷔 로이프트 다스 게세프트 노일리히

앗! 단어장!

die Visitenkarte (디 비지텐카르테) : 명함
hierher (히어헤어) : 이쪽으로
das Geschäft (다스 게세프트) : 사업

빠르게 찾고 쉽게 말하는 여행회화! 여러분의 여행을 보다 즐겁고 편안하게 만들어 드립니다!!

기본 회화에서 계약 성공까지!
비지니스 회화!

❶ 저희 회사는 2000년에 설립되었습니다.

❷ 지점은 몇 개나 됩니까?

❸ 귀사의 주요 상품은 무엇입니까?

❹ 국제인증을 가지고 있습니까?

❺ 귀사의 마케팅전략은 무엇입니까?

❻ 지난해 귀사의 시장 점유율은 어땠나요?

❼ 총 시장의 80 퍼센트를 차지했어요.

die Firma (디 피르마) : 회사
begründen (베그륜덴) : 설립하다
Hauptprodukte (하웁트프로둑테) : 주요 상품들

특별 부록 비지니스 회화!

비지니스

❸ 회사를 소개할 때!

❶ Meine Firma wird im Jahr 2000 begründet.
마이네 피르마 뷔르트 임 야 쯔바이타우젠트 베그륜데트

❷ Wieviele Filiale haben Sie?
뷔필레 필리아레 하벤 지

❸ Was ist Ihre Hauptprodukte der Firmen?
바스 이스트 이어레 하웁트프로둑테 데어 피르멘

❹ Haben Sie ISO?
하벤 지 이에스오

❺ Was ist Ihre Marktforschung?
바스 이스트 이어레 마크트포르슝

❻ Wie war Marktanteil im letzten Jahr?
뷔 바 마크트안타일 임 레쯔텐 야르

❼ Der Marktanteil war 80%.
데어 크트안타일 바르 악찌히 프로첸트

앗! 단어장!

ISO (이에스오) : 국제인증
die Marktforschung (디 마크트포르슝)
: 마케팅전략

빠르게 찾고 쉽게 말하는 여행회화! 여러분의 여행을 보다 즐겁고 편안하게 만들어 드립니다!!

기본 회화에서 계약 성공까지!

비지니스 회화!

❶ 교환번호 305번 대주시겠어요?

❷ 그는 지금 통화중입니다.

❸ 잠시만 기다려 주십시오.

❹ 그는 지금 자리에 안 계신데요.

❺ 5분 후에 다시 전화해 주시겠어요?

❻ 헨델 씨와 어떻게 연락할 수 있을까요?

❼ 제게 전화해 주었으면 한다고 그에게 전해 주십시오.

앗! 단어장!

verbinden (페어빈덴) : 연결하다
die Nummer (디 눔머) : 번호
gerade (게라데) : 곧장, 쭉, 즉시

특별 부록 비지니스 회화!

비지니스

❹ 전화 통화시에!

❶ Verbinden Sie mich bitte mit der Nummer 305.
페어빈덴 지 미히 비테 미트 데어 눔머 드라이눌퓬프

❷ Er telefoniert gerade.
에어 텔레폰니어트 게라데

❸ Kleinen Moment, bitte.
클라이넨 모멘트 비테

❹ Er ist abwesend.
에어 이스트 압베젠트

❺ Können Sie in fünf Minuten noch mal anrufen?
켄넨 지 인 퓬프 미누텐 노호 말 안루펜

❻ Wie kann ich mit Herrn Händel sprechen?
뷔 칸 이히 미트 헤른 헨델 슈프렉헨

❼ Es wäre schön, falls er mich anruft.
에스 베래 쇤 팔스 에어 미히 안루프트

앗! 단어장!

abwesend (압베젠트) : 부재중인
anrufen (안루펜) : 전화걸다
sprechen (슈프렉헨) : 통화하다

빠르게 찾고 쉽게 말하는 여행회화! 여러분의 여행을 보다 즐겁고 편안하게 만들어 드립니다!!

기본 회화에서 계약 성공까지!
비지니스 회화!

❶ 귀사의 신제품을 보여주실 수 있습니까?

❷ 어떻게 작동하는지 보여 드리겠습니다.

❸ 1개 가격은 얼마입니까?

❹ 개당 10 달러입니다.

❺ 가격은 주문 수량에 의해 정해집니다.

❻ 이것이 최저가격인가요?

❼ 지불조건은 어떻습니까?

zeigen (짜이겐) : 보여주다
funktionieren (풍치오니어렌) : 작동하다
das Stück (다스 슈툭) : 조각, 한 개

특별 부록 비지니스 회화!

❺ 상담할 때!

---

❶ Können Sie mir Ihre neue Produkte zeigen?
켄넨 지 미어 이어레 노이에 프로둑테 짜이겐

---

❷ Ich zeige Ihnen, wie es funktioniert.
이히 자이게 이넨 뷔 에스 풍치오니어트

---

❸ Was kostet pro Stück?
바스 코스텟 프로 슈툭

---

❹ Pro Stück ist 10 Dollar.
프로 슈툭 이스트 챈 돌라

---

❺ Der Einkaufspreis hängt von der Bestellungsmenge ab.
데어 아인카우프스프라이스 행트 폰 데어 베슈텔룽스멩에 압

---

❻ Ist dieser Preis am niedrigsten?
이스트 디저 프라이쓰 암 니이드릭스텐

---

❼ Was ist die Bedingung für Bezahlung?
바쓰 이스트 디 베딩웅 퓨어 베잘룽

앗! 단어장!

pro (프로) : (개)당

Der Einkaufspreis (데어 아인카우프스프라이스)
: 구입가

빠르게 찾고 쉽게 말하는 여행회화! 여러분의 여행을 보다 즐겁고 편안하게 만들어 드립니다!!

기본 회화에서 계약 성공까지!
비지니스 회화!

❶ 최신 제품의 샘플을 보여 드리겠습니다.

❷ 그 제품의 재고가 있습니까?

❸ 귀사의 제품을 주문하고 싶습니다.

❹ 얼마나 주문하실 겁니까?

❺ 주문을 변경하고 싶습니다.

❻ 계약서를 작성합시다.

❼ 언제 대금을 송금해 주실 건가요?

앗! 단어장!

das Muster (다스 무스터) : 샘플
der Vorrat (데어 포어랏트) : 재고
die Ware (디 봐레) : 상품

특별 부록 비지니스 회화!

❻ 계약, 주문할 때!

❶ Ich zeige Ihnen ein neues Muster.
이히 차이게 이넨 아인 노이에쓰 무스터

❷ Haben Sie Vorrat von diesem?
하벤 지 포어랏트 폰 디젬

❸ Ich möchte Ihre Ware bestellen.
이히 뫼히테 이어레 봐레 베슈텔렌

❹ Wieviel wollen Sie bestellen?
뷔필 볼렌 지 베슈텔렌

❺ Ich will die Bestellung ändern.
이히 빌 디 베슈텔룽 엔더른

❻ Schließen wir einen Vertrag ab.
슐리쎈 비어 아이넨 페어트락 압

❼ Wann wollen Sie den Einkaufspreis überweisen?
반 볼렌 지 덴 아인카우프스프라이스 위버봐이젠

앗! 단어장!

bestellen (베슈텔렌) : 주문하다
der Vertrag (데어 페어트락) : 계약서
überweisen (위버봐이젠) : 송금하다

빠르게 찾고 쉽게 말하는 여행회화! 여러분의 여행을 보다 즐겁고 편안하게 만들어 드립니다!!

부록 : 필수 단어사전!

꼭! 꼭! 꼭! 필요한 단어들을 내용별로 정리한 사전입니다!

◐ 숫자세기

1	eins	아인스
2	zwei	쯔바이
3	drei	드라이
4	vier	퓌어
5	fünnf	퓐프
6	sechs	잭스
7	sieben	지벤
8	acht	아학트
9	neun	노인
10	zehn	챈
20	zwanzig	쯔반찌히
30	dreißig	드라이찌히
40	vierzig	퓌어찌히
50	fünfzig	퓐프찌히

부록 필수 단어 사전!

60	**sechzig**	제히찌히
70	**sibezig**	짚찌히
80	**achzig**	아학찌히
90	**neunzig**	노인찌히
100	**hundert**	훈더트
101	**hundert eins**	훈더트아인스
102	**hundert zwei**	훈더트쯔바이
110	**hundert zehn**	훈더트챈
120	**hundert zwanzig**	훈더트쯔반찌히
130	**hundert dreißig**	훈더트드라이찌히
200	**zwei hundert**	쯔바이훈더트
300	**drei hundert**	드라이훈더트
1,000	**tausend**	타우젠트
10,000	**zehn tausend**	챈타우젠트
100,000	**hundert tausend**	훈더트타우잰트
1,000,000	**eine Million**	아이네밀리온
첫째	**erst**	에르스트
둘째	**zweit**	쯔바이트
셋째	**dritt**	드리트
넷째	**viert**	퓌어트
다섯째	**fünft**	퓐프트
여섯째	**sechst**	잭스트
일곱째	**siebt**	집트
여덟째	**acht**	아학트
아홉째	**neunt**	노인트
열번째	**zeht**	챈트

빠르게 찾고 쉽게 말하는 여행회화! 여러분의 여행을 보다 즐겁고 편안하게 만들어 드립니다!!

Basic German Dictionary

● 시간

1시	Es ist eine Uhr	에스 이스트 아이네 우어
1시간	Eine Stunde	아이네 스툰데
2시	Es ist zwei Uhr	에스 이스트 쯔바이 우어
2시간	Zwei Stunden	쯔바이 스툰덴
3시	Es ist drei Uhr	에스 이스트 드라이 우어
3시간	Drei Stunden	드라이 스툰덴
4시	Es ist vier Uhr	에스 이스트 퓌어 우어
4시간	Vier Stunden	퓌어 스툰덴
5시	Es ist fünf Uhr	에스 이스트 퓐프 우어
5시간	Fünf Stunden	퓐프 스툰덴
6시	Es ist sechs Uhr	에스 이스트 잭스 우어
6시간	Sechs Stunden	잭스 스툰덴
7시	Es ist sieben Uhr	에스 이스트 지밴 우어
7시간	Sieben Stunden	지밴 스툰덴
10시	Es ist zehn Uhr	에스 이스트 챈 우어
10시간	Zehn Stunden	챈 스툰덴
11시	Es ist elf Uhr	에스 이스트 엘프 우어
11시간	Elf Stunden	엘프 스툰덴
12시	Es ist zwölf Uhr	에스 이스트 쯔벨프 우어
12시간	Zwölf Stunden	쯔벨프 스툰덴
10분	Zehn Minuten	챈 미누텐
15분	Fünfzehn Minuten	퓐프챈 미누텐
15분	Eine viertel Stunde	아이네 피어텔 스툰데
20분	Zwanzig Minuten	쯔반찌히 미누텐
30분	Eine halbe Stunde	아이네 할베 스툰데
30분	Dreißig Minuten	드라이찌히 미누텐
45분	Drei Veirtel Stunde	드라이 퓌어텔 스툰데
45분	Fünfundvierzig Minuten	퓐프운트퓌어찌히 미누텐

날짜와 요일

아침	der Morgen	데어 모르겐
정오	der Mittag	데어 미탁
저녁	der Abend	데어 아벤트
밤	die Nacht	디 나하트
오늘	heute	호이테
내일	morgen	모르겐
모레	übermorgen	위버모르겐
어제	gestern	게스터른
그저께	vorgestern	포어게스터른
매일	jeden Tag	에덴 탁
오전	der Vormittag	데어 포어미탁
오후	der Nachmittag	데어 나하미탁
일요일	der Sonntag	데어 존탁
월요일	der Montag	데어 몬탁
화요일	der Dienstag	데어 딘스탁
수요일	der Mittwoch	데어 미트보흐
목요일	der Donnerstag	데어 돈너스탁
금요일	der Freitag	데어 프라이탁
토요일	der Samstag	데어 잠스탁
이번주	diese Woche	디제 보케
다음주	nächste Woche	넥스테 보케
지난주	letzte Woche	레쯔테 보케
매주	jede Woche	에데 보케
평일	der Alltag	데어 알탁
주말	das Wochenende	다스 보켄엔데

➡ 월(月), 계절

1월	der Januar	데어 야누아
2월	der Februar	데어 페부르아
3월	der März	데어 메르쯔
4월	der April	데어 앞프릴
5월	der Mai	데어 마이
6월	der Juni	데어 유니
7월	der Juli	데어 율리
8월	der August	데어 아우구스트
9월	der September	데어 젭템버
10월	der Oktober	데어 옥토버
11월	der November	데어 노벰버
12월	der Dezember	데어 데쳄버
이번달	in diesem Monat	인 디젬 모나트
다음달	in nächsten Monat	인 넥스텐 모나트
지난달	in letzten Monat	인 레쯔텐 모나트
매월	jeden Monat	에덴 모나트
월말	Ende Monat	앤데 모나트
봄	der Frühling	데어 프륄링
여름	der Sommer	데어 좀머
가을	der Herbst	데어 헤룝스트
겨울	der Winter	데어 빈터

* 오늘은 12월 26일 수요일입니다.
Es ist sechsundzwanzigste Dezember, am Mittwoch.
에스 이스트 잭스운트쯔반찌히스테 데쳄버 암 미트보흐

사람 · 가족

소년	der Junge	데어 융에
소녀	das Mädchen	다스 메첸
남자	der Mann	데어 만
여자	die Frau	디 프라우
아기	das Baby	다스 베이비
어린이	das Kind	다스 킨트
아버지	der Vater	데어 파터
어머니	die Mutter	디 무터
부모	die Eltern	디 엘터른
아들	der Sohn	데어 존
딸	die Tochter	디 토흐터
남편	der Gatte	데어 가테
아내	die Gattin	디 가틴
형제	der Bruder	데어 부르더
자매	die Schwester	디 슈베스터
조카	der Neffe	데어 네페
조카딸	die Nichte	디 니히테
숙부	der Onkel	데어 온켈
숙모	die Tante	디 탄테
할아버지	der Großvater	데어 그로스파터
할머니	die Großmutter	디 그로스무터
형	der ältere Bruder	데어 엘터러 부르더
누나	die ältere Schwester	디 엘터레 슈베스터
남동생	der jüngere Bruder	데어 융어레 부르더
여동생	die jüngere Schwester	디 융어레 슈베스터

Basic German Dictionary

● 나라/국민/언어

한국	**Korea**	코리아
한국인	**Koreaner**	코리아나
한국어	**Koreanisch**	코리아니쉬

중국	**China**	히나
중국인	**Chinese**	히네재
중국어	**Chinesisch**	히네지쉬

일본	**Japan**	야판
일본인	**Japaner**	야파너
일본어	**Japanisch**	야파니쉬

미국	**Amerika**	아메리카
미국인	**Amerikaner**	아메리카너
영국	**Englnad**	엘글란트
영국인	**Engländer**	엥글랜더
영어	**Englisch**	엥글리쉬

독일	**Deutschland**	도이취란트
독일인	**Deutscher**	도이취
독일어	**Deutsch**	도이취

프랑스	**France**	프랑스
프랑스인	**Franzose**	프란조재
프랑스어	**Französisch**	프란재지쉬

➡ 색깔

한국어	Deutsch	발음
빨간색	**rot**	로트
흰색	**weiß**	바이스
노란색	**gelb**	겔프
파란색	**blau**	블라우
검은색	**schwarz**	슈바르쯔
초록색	**grün**	그륀
분홍색	**hellrot**	헬로트
보라색	**violett**	비올렛
갈색	**braun**	브라운
회색	**grau**	그라우

Step by step!

1 목적지 공항도착!
목적지 공항에 도착하면 짐을 잘 챙겨서 내립니다. 입국심사서는 미리 준비하세요!

Step 1

2 도착 출구통과!
'Arrival' 이라고 써있는 출구를 찾아 통과합니다.

Step 2

✚ 잠깐만요!
여권! 입국심사서! 항공권! 수하물표!를 잘 챙겨서 나가십시오!